Hermann von Nördlinger, Julius Theodor Christian Ratzeburg

Lebensweise von Forstkerfen

Hermann von No"rdlinger, Julius Theodor Christian Ratzeburg

Lebensweise von Forstkerfen

ISBN/EAN: 9783743380103

Hergestellt in Europa, USA, Kanada, Australien, Japan

Cover: Foto ©ninafisch / pixelio.de

Manufactured and distributed by brebook publishing software (www.brebook.com)

Hermann von Nördlinger, Julius Theodor Christian Ratzeburg

Lebensweise von Forstkerfen

LEBENSWEISE VON FORSTKERFEN

ODER

NACHTRÄGE ZU RATZEBURG'S FORSTINSEKTEN.

ZWEITE VERMEHRTE AUFLAGE.

HERAUSGEGEBEN VON

FORSTRATH DR. NÖRDLINGER,
PROFESSOR AN DER AKADEMIE HOHENHEIM.

STUTTGART.
VERLAG DER J. G. COTTA'SCHEN BUCHHANDLUNG.
1880.

Druck von Gebrüder Krömer in Stuttgart

Einleitung.

Das vergangene Jahrhundert besass in Réaumur, Degeer, Rösel, Bonnet und Frisch ausgezeichnete Beobachter von Kerfen. Sie verfolgten eine sehr fruchtbare Richtung, wenn sie gleich über dem Studium der Lebensweise Namen und Beschreibung der Kerfe wenig pflegten.

Das gegenwärtige Jahrhundert dagegen hat sich auf Klassifikation und Unterscheidung geworfen. Die Vermischung jedoch von Ausländischem mit Heimischem, die endlose Spaltung der Gattungen, das leichtfertige Schöpfen von immer neuen Untergattungsnamen, besonders wenn sie auf mikroskopisch kleine Merkmale gegründet sind, lassen kaum mehr umfassendere Arbeiten zu Stande kommen. In den vorhandenen Werken aber findet sich der Laie nicht zurecht; auch kann er keinen Gefallen daran finden, weil für ihn Lebensweise, Nützlichkeit, Schädlichkeit und Vertilgung der Insekten Hauptsache sind, er sich dagegen glücklich preisen muss, wenn er in den neuern Werken nur den Namen auffindet.

Wer sich von dem Gesagten überzeugen will, braucht nur einige Käfer oder Schmetterlinge in einem systematischen Verzeichnisse der Neuzeit aufzusuchen. Er wird alsdann bemerken dass deren Gattungs- und Untergattungsnamen, wie er sie in der Jugend sich eingeprägt hat, verschwunden sind und neuen Gattungs- oder Untergattungsnamen Platz gemacht haben, Namen auf deren Memorirung er verzichten muss, weil sie, oft von grässlicher griechischer Zusammensetzung, bei verschiedenen Autoren eine verschiedene Begrenzung haben und grossentheils nach kurzem wieder durch neue ersetzt sein werden.

Welche Bedeutung soll andrerseits das Zurückgehen auf die ältesten Gattungs- und Artbezeichnungen selbst in den Fällen haben, wo sich der Gebrauch zu allgemein anerkannten Namen durchgerungen hat?

Beispielsweise sollen wir mit Graf Ferrari dem bekannten Lindenborkenkäfer, Bostrichus tiliae F., (Ratzeburg) seinen Namen entziehen und einem andern geben der in Laub- und Nadelholz (?) vorkommen soll. Wäre also ursprünglich einem Diagnostiker in der Beschreibung des Lindenborkenkäfers eine Verwechslung mit einem Fichtenborkenkäfer passirt, so hätte niemand, logisch der Autor selbst nicht, das Recht den Irrthum zu berichtigen und der Fichtenkäfer behielte den Namen tiliae. Um jedoch dem gewöhnlichen Menschenverstand nicht allzusehr ins Gesicht zu schlagen, vollzieht man die Aenderung nicht immer, schafft etwas ganz neues und heisst den guten alten Lindenborkenkäfer B. Ratzeburgi.

So dass man auf diesem Wege fortwandelnd in kurzem nicht mehr wissen kann was der lateinische Name bedeutet und deutschen Namen oder Wohnbaum beisetzen muss, um sich verständlich zu machen.

Wie ich höre, wird ferner verlangt dass man die von aller Welt gekannten und so genannten Bruchus in Zukunft Mylabris, die Ptinus dagegen Bruchus nenne.

Also z. B. wenn vielleicht der Pfahlbauer zur Buche Eiche, zur Eiche Buche sagte, weil in jener Zeit noch keine präzisen Begriffe bestanden und beide Namen eben Baumhölzer bezeichneten, sollen wir unsre allgemein anerkannten Bezeichnungen umstürzen und die Sprache verlassen, wie sie Schiller und Goethe verstanden. Schon letzterer sagte, nicht das Lernen sei schwer, wohl aber das Umlernen. Und das wird hier der Welt zugemuthet. Und warum zugemuthet? Nur um den Grundsatz zur Durchführung zu bringen dass die älteste Bezeichnung beibehalten zu werden verdiene. Als ob man nicht über das höhere Alter des einen oder andern Namens in Ewigkeit streiten könnte und bei Beobachtung des in Rede stehenden Grundsatzes mit den Fortschritten der Sprachforschung nicht ewige Unruhe und babylonische Verwirrung in den Bezeichnungen zu erwarten wäre. Sollen Zoologie und Botanik nicht wieder Geheimniss einer Gelehrtenkaste werden, so bleibt kein anderes Mittel als sich neben dem Artnamen und Untergattungsnamen stets auch des Hauptgattungsnamens zu bedienen. will aber blos ein Gattungsname genannt werden, den Untergattungsnamen zu opfern. Wem ausser etwa dem Namenschöpfer selbst kann es überdies ein Verlust scheinen, wenn dem Ohre so wohltönende Wörter wie Sitodrepa. Hadrobregmus wegfallen und dem alten ehrlichen Anobium wieder Platz machen. Freilich hatten einige Autoren im seligen Glauben an die Ewigkeit ihrer Schöpfung von Untergattungen da und dort in einer solchen einen Artnamen gegeben der im Gebiete der Hauptgattung schon vorhanden war. Diese wenigen Namen müssten geändert werden.

Zu den von nimmer rubenden Namenschöpfern bereiteten kommen jetzt aber auch noch diejenigen Leiden hinzu, welche grammatikalische Puristen schaffen, indem sie die vorhandenen griechischen Namen, soweit sie von inkorrekter Zusammensetzung scheinen, zu berichtigen suchen. Scitropus wurde Scytropus, Cleonis Cleonus, Grypidius Gryphidius, Brachyonyx Brachonyx, Gymnäthron Gymnetron u. s. w.

Kein Wunder demnach, dass die Stände welchen die Insekten besonders schädlich oder nützlich sind, der Forstmann, der Landwirth, der Thierarzt, die Entomologie für ihren Hausgebrauch herrichten und selbstständig ausbilden. —

Für die Forstinsekten und die Lehre vom Forstschutze begann mit dem grossen Ratzeburgischen Werk im Jahr 1837 eine neue Zeitrechnung. Die vielen Theilarbeiten und Monographieen legte man mit seinem Erscheinen bei Seite und eifrig wurde auf der neuen Grundlage weiter gebaut. Was dabei besonders zu statten kam war eben die Einfachheit der von Ratzeburg befolgten Nomenklatur. Ich folgte daher in gegenwärtiger Abhandlung seinem Geiste, mich in der Hauptsache an die Alt-Linné'schen Namen haltend. Ratzeburg's Tadel in der Kritik meiner Nachträge (Kritische Blätter 43. II. S. 56) ist für mich massgebend.

Die erste Ergänzung des Ratzeburgischen Werkes hatte ich unter dem Titel: Nachtrag zu Ratzeburg's Forstinsekten im Jahr 1848 in der Stettiner entomologischen Zeitung geliefert. Als sich bei mir wieder mancherlei Notizen angehäuft hatten und diese als ein zweiter Nachtrag in derselben Zeitschrift erscheinen sollten, bestimmte mich der Wunsch Ratzeburg's sowie der meiner Schüler, die beiden Arbeiten zu Einer Arbeit zu verschmelzen und als akademische Gelegenheitsschrift herauszugeben. Ich antwortete damit zugleich auf den mir von demselben Autor in Pfeil's kritischen Blättern gemachten wenn auch wohlgemeinten Vorwurf, „dass meine Erfahrungen auf dem entomologischen Gebiete nur langsam reifen." Allerdings darf sich der Schwabe eine Aufforderung zur Thätigkeit auf dem Felde der Forstentomologie um so mehr gefallen lassen, als seine Heimat an Holzarten und Forstinsekten besonders reich ist. Nach Seite XVII der Vorrede zu Ratzeburg's drittem Bande der Ichneumonen der Forstinsekten enthielt meine damalige letzte Sendung aus hiesiger Gegend mehr als ein Drittheil neuer Erscheinungen.

Seit der Veröffentlichung dieser Nachträge vom Jahr 1856 hatte sich nun wieder eine Anzahl Notizen bei mir angesammelt, wobei mir der häufige Waldbesuch und der Verkehr mit Forstbehörden zu statten kam. Auch waren mir die leider unvollständig gebliebenen vortrefflichen Arbeiten des Herrn Ed. Perris zu Mont-de-Marsan über die Kerfe der Seeföhre theilweise, sowie das L. von Heyden'sche Werk: die

Käfer von Nassau und Frankfurt, Wiesbaden etc. gänzlich unbekannt geblieben. Zumal erstere sind nicht jedermann zugänglich. Ich entnahm daher beiden das auf Forstinsekten bezügliche und verschmolz es, natürlich unter treuer Angabe der Quelle, zu dem vorliegenden Hefte. Das grosse und verdienstvolle Werk J. H. Kaltenbach's, die Pflanzenfeinde, 1874, zog ich nicht bei, weil es sehr verbreitet ist. Tadeln muss ich aber dass darin die Nadelhölzer sehr ungenau bezeichnet sind. Unter seiner Pinus abies kann ja Fichte wie Tanne verstanden werden, und durch Umwandlung von Pinus laricio, d. h. Schwarzföhre, in Pinus larix, d. h. Lärche, und von Weymouthsföhre in Pinus abies mussten grobe Verstösse gegen die Thatsachen entstehen.

Zu eigentlichen diagnostischen Untersuchungen von Insekten fehlt mir die Zeit. Deshalb habe ich mich in Betreff zweifelhafter Namen öfters fremden Raths bedient und solches „in Klammer" bemerkt. Besondern Dank bin ich in dieser Beziehung dem sel. Herrn Senator K. von Heyden und dessen Sohne, Herrn Hauptmann Dr. L. von Heyden schuldig. Sie nahmen sich meiner mit Aufopferung an.

Beobachtungen über forstlich-landwirthschaftliche Kerfe, die schon in meinen „kleinen Feinden der Landwirthschaft, Stuttgart und Augsburg, Cotta'scher Verlag, 1855 und 2. Ausgabe 1869" Aufnahme gefunden, blieben absichtlich in dieser Arbeit weg. Aus Konsequenz befolgte ich diesen Grundsatz auch hinsichtlich der in der frühern Auflage enthaltenen Schilderung der Brutweise des Rebenstechers, Rhynchites betuleti, weil dieselbe unterdessen im Wesentlichen in genanntem Werke Platz gefunden hat.

Nicht bei Seite setzen dagegen konnte ich die im frühern Anhang enthaltenen wenigen fremden Borkenkäfer.

Hohenheim im Dezember 1879.

Nördlinger.

Käfer.

Cicindela.

Es dürfte wohl die grosse geographische Verbreitung der gewöhnlichen Sandläuferarten hervorgehoben werden.

C. hybrida L. fand ich hoch in den Pyrenäen (Gabas) wie in den Landes von Bordeaux und auf den Dünen von Boulogne. In letzterer Oertlichkeit eine merklich kleinere Form als die hiesige. — Auch C. campestris L. geht in die Alpenregion und C. germanica L. jedenfalls hoch hinauf (Larnus in den Pyrenäen und hier zu Lande mindestens bis 1000 m).

Carabus.

Zur Lebensweise der kleineren Arten sei nachgetragen dass mehrere derselben alljährlich im Juni und Juli pflanzliche Nahrung zu sich nehmen.

Carabus (Ophon.) germanus L. sah ich Anfangs Juli 1871, zu Adelberg, auf die Halme gestiegen die grünen Samen von Poa pratensis L. oder trivialis L. verzehren. — C. (Harpal.) ruficornis F. zur Erntezeit 1877 auf dem Feld ein halbdurchbissenes Gerstekorn mit den Kiefern tragend. — Ein kleiner Harpalus, azureus F., leerte auf dem capitulo sitzend eine grüne Kapsel von Plantago lanceolata. Hohenheim, 12. Juli 1879. — C. (Amara.) obsoletus Dej. var. obscura (v. Heyden) vor meinen Augen die Kapseln einer von ihr bestiegenen hier gebauten Reseda luteola L. fressend. Sommer 1862. — C. (Amara) tricuspidatus Dej. am 12. Juli 1873 die grünen Körner aus den Bälgen von Holcus lanatus L. und die Staubbeutel von Agrostis stolonifera L. verzehrend (Juli 1870 und 1873). — Ausserdem C. (A.) plebejus Gyll. oder nahe Verwandte alljährlich Ende Juni und Anfangs Juli auf den Rispen halbmeterhoher Aira- und Agrostisarten, um sich deren junge Körner zu Gemüthe zu führen. — C. (Dromius) 4-notatus Dft. in den Seeföhren als Larve derjenigen des Curculio notatus nachgehend. — C. (Tachys) nanus Gyll. in den Gängen von Hylesinus piniperda u. s. w. Seeföhre. (Perris.) L. v. Heyden gibt als unter Rinden vorkommend noch eine ganze Reihe von Dromien an. Da aber nicht ausdrücklich gesagt ist, dass sie räuberisch in Gängen von Forstkäfern lebend gefunden worden, mögen sie hier übergangen werden.

Staphylinus.

Staphylinus erythropterus L. am 16. Juni 1876 zu Hohenheim lebhaft an einer im feuchten Grase liegenden Mohn(Papaver rhöas L.)korolle zehrend. Mit derselben eingezwingert, und selbst nach Verspeisung einer Fliege, kehrte er immer wieder dazu zurück. Schliesslich krepirte der Käfer ohne die Blätter aufgezehrt zu haben, vielleicht wegen deren zu grosser Trockenheit.

Staphylinus murinus L. ist öfters im Juni, z. B. von 1877, in Menge auf den schwarzen Saft ergiessenden Eichenstöcken. Geht er dabei dem Saft oder den vielen sich hier einstellenden Fliegen u. dergl. nach?

Käfer.

Viele kleine Staphylinen leben bekanntlich in Baumschwämmen. Eine Anzahl von kleinen Arten findet man aber auch als Larven unter der Rinde von Bäumen welche Forstkerfe bewohnen, offenbar deren Larven nachgehend. Perris führt als derartige Verfolger an Staph. (Phloeopora) reptans Grav. in den Gängen von B. stenographus und laricis; nach v. Heyden ist er nicht selten unter Eichen- und Föhrenrinde. — St. (P.) corticalis Grav. gibt v. Heyden unter Rinde von Birken und Platanen an. Nach Perris ist ferner St. (Homalota) eelatus Er. in denen von Hyl. ligniperda, St. (Homal.) cuspidatus Er. mit B. laricis; St. (Aleochara) analis Gyll. daselbst. St. (Aleoch.) pumilio Grav. unter der Rinde, St. (Xantholinus) collaris Er. in den Gängen von stenographus, St. (Quedius) scintillans Grav. in Gängen verschiedener Forstkerfe, St. (Coryphium) angusticollis Steph. mit B. laricis. St. (Quedius) vilis Er. mit B. stenographus, St. (Omal.) pusillus Grav. mit B. laricis und Curculio notatus. Sämmtlich in Seeföhre (pinaster). St. (Dinaraea) aequatus Er. nach v. Heyden unter Eichenrinde. — St. (D.) immersus Er. unter Föhrenrinde und in Mulm von Buchenholz.

Ptilium apterum Guér. als Larve in den Gängen von B. pusillus. Seeföhre. (Perris.)

Scaphidium 4-maculatum F. In Masse zu Kreuth in Tirol auf einem liegenden anbrüchigen Ahorn, offenbar am zu brüten. Juli 1850.

Hister (Paromalus) parallelopipedus Ill. unter Föhrenrinde zu Bibersfeld. — H. (Par.) flavicoruis Payk. mit oblongus zusammen in Seeföhre. (Perris.) — H. (Platysoma) depressus F. Im Schönbuch nicht selten unter Eichenrinde. März 1849. Sonst auch in Buche. H. (P.) linearis Er. Im Oktober 1845 zu Toulon unter Rinde von Pinus halepensis. — H. (P.) oblongus F. in der Stielöhre, den Larven etc. des Bostr. stenographus nachgehend. (Perris.) — H. (Plegaderus) discissus Er. unter Buchenrinde mit depressus, und nach Perris in Seeföhre Verfolger der Larven von Bostr. pusillus, Poduren, Staphylinen u. s. w. — H. (P.) caesus Fll. nach v. Heyden in morschem Buchen- und Pappelholz. — H. (Abraeus) globosus E. H. in anbrüchigen Eichen. (v. Heyden.)

Phalaerus caricis St. Ueberwintert, wie es scheint, in der rauhen Borke der Lärche, dem in der Föhre überwinternden corticalis Ill. analog.

Ips (Carpophilus) sexpustulata F. unter den Larven von Bostr. villosus, bicolor und monographus in der Eiche und mit Bostr. laricis in Seeföhre (Perris), nach v. Heyden unter saftiger Birkenrinde. — I. 4-pustulata L. Der Käfer nicht selten im Frühling unter der Rinde von Eichenstöcken. Debenhausen, März 1849. Sonst unter Föhrenrinde. Kirchheim, April 1854. — I. 4-guttata L. Mit der vorigen auch zu Grand-Jouan in Eichen. März 1843. — I. ferruginea L. in den Gängen von Hyles. ligniperda, ater und Curculionen in Seeföhre. Von laugerer Entwicklungsdauer als diese. (Perris.)

Nitidula obsoleta F. in Menge auf thauenden Eichenstöcken, auch auf Föhrenstocken. Larve vom Safte lebend. Verwandlung der Mehrzahl Individuen in der Erde. (Perris.) — N. (Epuraea) pusilla Ill. zu Krailsheim im April 1846 auf Klattern herumlaufend.

Lyctus (Rhizophagus) dispar Ill. 1838 zu Bibersfeld unter Föhrenrinde. September 1845 in Tannenstöcken der Pyrenäen. — L. (Rh.) depressus F. mit dem vorigen auch in Föhren und unter Tannenrinde zu Stuttgart und im Schwarzwald. Nach Perris in Seeföhre Verfolger der Larven und Puppen von Hyles. piniperda und minor und im Nothfalle von deren Exkrementen lebend. Verwandlung zur Puppe ausserhalb der Gänge im Boden. — L. (Rh.) politus Hellw. Nach v. Heyden unter der Rinde von Ulmen, an Pappeln und Weiden. — L. (Rh.) bipustulatus F. Nach demselben unter Eichen- und Birkenrinde. - L. (Rh.) coeruleus Waltl. desgleichen unter Eichenrinde.

Trogosita caraboides F. in dem etwas morschen Kernholz einer italienischen Pappel, Tübingen 1839; und unter der Rinde einer faulen Eiche, 1854. Beide Mal als vollkommenes Insekt. Nach v. Heyden unter Apfelbaum- und Buchenrinde, auch in Kirschbäumen. Nach Perris sicher nur räuberisch andere Holzkerfe verfolgend, wie ihre Verwandte, T. coerulea Ol., in der Seeföhre, die Larven von Bostr. stenographus, Cerambyx aedilis und Bupr. tarda, allerdings sich wenn nöthig auch von einem Gange zum andern fressend.

Nemosoma elongatum Latr. in Borkenkäfergängen unter Seeföhrenrinde, wie in Ulme mit Hyl. vittatus, in Eiche mit Bostr. bicolor, in Erle mit bicolor (Perris), in Buche nach v. Heyden.

Ditoma crenata Ill. unter der Rinde von Eichen und Edelkastanien mit Borkenkäfer- und andern Larven. Nach v. Heyden auch unter Buchen-, Pappel- und Nadelholzrinde, und nach Perris in Seeföhre als Feind der Larven und Puppen von Bostr. laricis.

Synchita juglandis F. In grosser Zahl in den vom Rindekrebs befallenen Haincn einer Allee, zugleich mit Scolytus carpini. Am 12. April 1847 noch grösstentheils als Larven; Ende Mai bis Juni ausgebildete Käfer. — Der Kopf ist der breiteste Theil des Larvenkörpers, durchsichtig, beinahe wie das Uebrige; die Mundtheile allein gelb. Die 3 Paar Füsse weit aussen an den Seiten der Larve, daher letztere sehr schnell auf dem platten Bauche gehend. Rücken ohne die eigenthümlichen Wülste der Bockkäferlarven. — S. (Cicones) variegata. Hellw. in Buchenpilzen oder faulem Buchenholze zu Uraeh. Nach v. Heyden Buchenpilzbewohnerin. — S. (Colobicus) emarginata Latr. nach v. Heyden unter Buchenund Eichenrinde. —

Sarrotrium terebrans Ol. nach v. Heyden in einer alten Haine.

Colydium elongatum Hb. auch in der Edelkastanie, Castanea vesca. — C. filiforme F. nach Schenk (v. Heyden) unter Eichenrinde. — C. bicolor Hb. in der Seefohre den Larven von Bostr. laricis nachgehend. (Perris.) — C. sulcatum Ol. Nach Perris in der Ulme die Larven von Scolytus multistriatus verfolgend. — C. nitidum F. unter Rinde, insbesondere von Edelkastanie. (v. Heyden.)

Cerylon (Lyctus) histeroides F. in Buchen und Eichen (v. Heyden) sowie in der Seefohre in den Gängen von Hyles. piniperda, von deren unvollkommenen Zuständen sich nährend. (Perris.)

Cucujus sanguinolentus Oft. Im Juli 1850 zu Kreuth in Tirol auf einem Schlag in grosser Zahl unter den Schuppen eines gefällten, etwas faulen gemeinen Ahorns (pseudoplatanus). Morgens trieb sich der Käfer auf dem Blocke herum. Nicht ein einziges Exemplar fand sich auf andern Holzarten. Fast möchte ich deshalb bezweifeln dass der Kerf, wie Erichson, Insekten Deutschlands III, 2. S. 308 vermuthet, unter Eichenrinde lebe. Doch kann ich eine entschieden verneinende Behauptung in dieser Beziehung nicht aufstellen, da zu Kreuth keine Eichen mehr vorkommen. C. (Laemophloeus) ater Ol. Aus Stechginster, Ulex europaeus, Bordeaux, 1855. C. (L.) clematidis Er. als Begleiter von Bostrichus bispinus unter der Rinde der Waldrebe hier nicht selten. — C. (L.) duplicatus Waltl. zu Hohenheim unter Eichenrinde, bei v. Heyden an Buchenholz. — C. (L.) Dufourii Laboul. den Larven von Bostr. pusillus in der Seefohre nachgehend. (Perris.) — C. (L.) monilis F. an Buchen- und Eichenholz (v. Heyden), nach Hellwig und Panzer auch unter Lindenrinde. — C. (Pediacus) dermestoides F. unter Eichen- und Seefohrenrinde mit Bostr. stenographus. — C. (P.) depressus Hb. nach v. Heyden an Eichenholz.

Brontes flavipes F. ausser in Eichen, Edelkastanien und andern Laubhölzern zuweilen auch in Borkenkäfergängen der Seefohre als räuberischer Kerf. (Perris.)

Silvanus unidentatus F. zu Hohenheim und Frankfurt (v. Heyden) unter Eichenrinde. Nach Perris ausserdem in Pappel, Weide und Seefohre. — S. bidentatus F. Von Herrn A. Keller 1863 unter der Rinde einer alten Buche, von mir im Mai 1862 auf frischen Fohrenstöcken, durch v. Heyden unter Fohrenrinde gefunden.

Cryptophagus (Paramecosoma) abietis Steph. auf Seefohre in den Nestern von Bomb. pityocampa, in deren Exkrementen.

Mycetophagus fulvicollis F. nach v. Heyden in faulem Buchenholze. — M. (Pentaphyllus) testaceus Gyll. im hiesigen anbrüchigen Eichenholz. Ebenso bei v. Heyden, der jedoch nach Bottger auch Mulm alter Kirschbäume angibt.

Lathridius exilis Mannerheim mit Hylesinus spartii Nrdl. in Besenpfrieme zu Grand-Jouan. — L. (Enicmus) rugosus Hb. nach v. Heyden unter Rinden. — L. transversus Ol. auf Buchenklafterholz (v. Heyden), und L. carbonarius Mhm. an Eichenholz. (Derselbe.) — L. (Cartodere) elongatus Curt. 1850 in Menge aus Fichtenzapfen erzogen. — L. (C.) filiformis Gyll. aus alten Ephenzweigen. (v. Heyden.) — L. (Corticaria) denticulatus Gyll. in faulen Fichtenzapfen. Hohenheim. — L. (Melanophthalma) distinguenda Com. in altem Buchenholze. (v. Heyden.)

Berginus tamariscis Er. mit Rhinomacer attelaboides in den männlichen Kätzchen der Seefohre sich entwickelnd. (Perris.)

Dermestes bicolor F. Im Zwinger aus Aspenrinde mit Agrilus und Bostrichus binotulus zu Hohenheim im Mai 1866. — D. vulpinus F. bildet in seiner Lebensweise eine Art Uebergang zu den Holzfressern und müsste Linné, der ja die Borkenkäfer zu Dermestes rechnete, hatte er diesen Käfer gekannt, grosse Freude bereitet haben. Er lebt namentlich nach meiner Beobachtung in Moringa- und andern sehr weichen südamerikanischen Hölzern, sich darin Gänge fressend und verwandelnd, wobei ihm das weiche Holz zur Nahrung zu dienen scheint, insofern sich ausser ihm keine Kerfe oder Reste von solchen im Holze fanden. 1856. — D. undatus L. Schon vor 30 Jahren zu Stuttgart im Winter in der Rinde einer stehenden Fohre gefunden; zu Kirchheim, 1854, als ziemlich an die eines Anthrenus erinnernde Larve im Mulm einer Zelle des Gangs einer grossen Sphexart, die einen alten Bockkäfergang in einer faulen Eiche bewohnt hatte, zugleich mit Ptinus 6-punctatus. Ferner zu Hohenheim, im Mulm von Forstinsekten, unter der Rinde eines Fichtenpfostens, und zu Stuttgart im anbrüchigen Splint eines Zwetschenbaums. Im Februar 1857 wieder unter Fohrenrinde in Forstkäfergängen ein noch in der Larvenhaut steckendes ganz fertiges Weibchen. Endlich zu Hohenheim, im Jahr 1863, aus anbrüchigem von Kerfen bewohnten Holze ein oder zwei Stück, von v. Heyden auch an durrem Buchen-, Hainen- und Pappelholze. Demnach offenbar ein Gesellschafter von Forstkerfen und ohne Zweifel von deren Unrath etc. und in den verschiedensten Holzarten lebend. — D. serra F. unter Rinde von Buchen, Weiden, Pappeln, Fohren. (v. Heyden.) — D. holosericeus Tourn. von den verschiedenen Abfällen, Haaren u. s. w. in den Gespinnsten der Bombyx pityocampa auf der Seefohre sich nährend.

Trogoderma testaceicorne Perr. in alten Fohrenstöcken mit verschiedenen Holzfressern, deren Abfällen nachgehend.

Lamellicornia.

Lucanus cervus L. Ein weiblicher Hornschröter befand sich im September 1867 todt am Fusse einer hohlen Linde, woraus, den daran vorhandenen starken Fluglöchern nach zu schliessen, der Käfer gekommen sein möchte. Eichen findet man in der Gegend (St. Laurent-du-Pont im Dauphiné) fast nicht. Eine Notiz welche möglich finden lässt, dass der Käfer auch in Buchenstöcken brüte, lieferte ich früher. [1]

L. parallelopipedus L. in faulem Birkenholz, zu Grand-Jouan und auf der schwäbischen Alb. Daselbst ausserdem in Menge an Buchenstöcken. Weiter nennen Perris als Wohnbäume Eiche, Pappel, Weide, Ahorn, Erle, Bignonia catalpa, Föhre, und v. Heyden Buche.

Sinodendron cylindricum L. nach L. v. Heyden im Holze von Edelkastanien, was sehr begreiflich, nachdem es von Kaltenbach auch in Eichen und Hainen angegeben worden.

Melolontha fullo L. Den todten Käfer fand ich in den Landes von Bordeaux wie in deutschen Sandgegenden mitten unter den Büschen von Elymus arenarius. Gewiss lebt die Larve an deren Wurzeln, denn ausser Seeführenwurzeln findet sich in der betreffenden Gegend nichts woran man vermuthen könnte dass sie sich ernähre. — M. solstitialis L. nach v. Heyden besonders auch an Robinien schwärmend. - M. brunnea L. nicht blos, wie v. Ratzeburg angegeben, in Spinngeweben zu finden, sondern auch in aller Frühe des Tags in den Gruben des Ameisenlöwen. So einmal in Anzahl zu Niederbronn im Elsass. M. Frischii F. So viel ich mich aus dem Jahre 1840 zu erinnern glaube, in Oberschwaben vorzugsweise am Laube der Grauerle. — M. horticola, L. manchmal, z. B. 1856, in grossen Massen an Populus monilifera.

Geotrupes sylvaticus L. liefert einen neuen Beleg dafür, wie schwer es ist die Grenze zwischen vegetabilien- und fleischfressenden Kerfefamilien festzuhalten. Bekanntlich findet man den Käfer häufig an der Losung von Wild und von Zugthieren, sodann an Hutschwämmen. Vor einigen Jahren aber, im Vorsommer, sah ich ihn im Wald in einem Fahrgeleise zusammen mit einem Regenwurme den er, trotz seiner Bewegungen, in Stücke, man möchte sagen in dicke Wursträder geschnitten hatte, die ihm zur Nahrung dienten. Nach Hause genommen und mit dem Regenwurm zusammengesperrt wiederholte der Käfer über Nacht dieselbe Operation. — Am 12. Juli 1879 fand ich einen sylvaticus auf einem blutenden Eichstocke mitten im ausfliessenden dunkeln Safte, sich diesen sichtbar wohl schmecken lassend.

Oryctes gryphus Ill. Nicht selten in den Seeföhrenstöcken (P. pinaster) der Pignada's zu Bordeaux. Im September 1855 fand ich noch lebende Käfer, die als Spätlinge zu betrachten sein dürften.

Cetonia aurata L. im Sommer 1853 im Walde bei Kirchheim auf einem Ameisen(rufa)haufen kriechend, in denen bekanntlich ihre Larven leben. Es fiel mir auf, dass die Ameisen sich an ihren Beinen festbissen und anhingen, wie wenn sie sie als Feind betrachteten. $\frac{1}{2}$ Fuss tief in dem Haufen fand ich beim Nachgraben eine Menge Cetonienlarven. Ausserdem in faulem Holze hohler Kopfweiden. Hohenheim 1871. — C. metallica F. sich in reife und überreife Aprikosen vollständig hineinfressend und sie verunreinigend. Klosterneuburg, Ende Juli 1875. Nach v. Heyden in alten Weiden, Prof. Kirschbaum zufolge in Ameisenhaufen. — C. fastuosa Ill. nicht selten als todter Käfer im braunen Mulm kernfauler Eichen. Dort, nach Herrn Oberforstrath Hahn, auch in Gesellschaft von Cetonia marmorata.

Trichius eremita L. hat wohl mehrjährige Larvendauer. Kaum konnte ich die Verwandlung der aus Eichen stammenden Larven erleben, die ich schon seit mehreren Jahren, jedoch ohne dass sie merklich an Grösse zugenommen, aufbewahrt hatte. — Auch in Birnbäumen und hohlen Weiden ist der Kerf nicht selten. Einer meiner Schüler, Herr Groner, fand ihn öfters im August zu Hohenheim an einer alten faulen Robinie kriechend, woran mehrere Löcher mit Mulm auf seine Brut deuteten. Nach v. Heyden auch in alten Linden. — T. nobilis L. Larve denen anderer Arten dieser Gattung ähnlich, aber sehr weiss, derb, lang und ohne Kothsack. In gipfeldürren Buchen, Juni 1856; auch unter anbrüchiger Rinde eines Wildkirschbaums auf der Alb; junge Käfer in der Wiege 23. Juni 1879. — T. fasciatus F. Im Winter 1868 –69 in faulenden Eichenschwellen der Eisenbahn bei Romburg in Menge. Die Larve war gekrümmt, aber weit weniger als ein Hufeisen, gelblich-weiss, ohne grauen Kothsack, von etwas plattem Bauche, gestreckt etwa 30 mm lang. Ihre Brust nicht breiter als der Hinterleib. Kopf bräunlichgelb. Rechts und links an ihm, aber von vorn kaum sichtbar, ein dunklerer länglicher Flecken (nach Perris Augen), hinter welchem ein den obern Theil des Kopfes vom ersten Ring trennende braune Linie. Stirn mit deutlicher Gabellinie und vielen kleinen Eindrücken oder Vertiefungen. Zwei schwarze Punkte rechts und links am Grunde der Oberlippe. Kiefer rothbraun, in schwarz endigend. Beine ziemlich lang, in ihrer Mitte nach aussen geknickt (Tanzmeisterbeine), mit rothen Seidenhaaren vom Drittel der Länge der äussersten Beinglieder. Der ganze sonstige Körper mit etwas längern zwei Ringe bildenden rothen, nur am letzten Ring wieder kürzern Seidenhaaren. Erstes Luftloch stärker und dunkler als die übrigen. Vor ihm ein schwacher glänzend gelber Schulterflecken. Puppe im April und Mai. Käfer, wie im Freien, im Juni und Juli. — T. variabilis L. (Ceton. 8-punctata F.) als der des Trichius fasciatus sehr ähnliche Larve, nach v. Heyden in alten Eichen, nach Mulsant in Edelkastanien, und nach Saxesen in Erle, nach Perris aber auch in wurmstichigen Seeföhrenstöcken.

Trichius hemipterus L. nach v. Heyden auch an Buchen, nach Schenck an Apfelbäumen.

Buprestis.

Buprestis mariana L. im Holz alter Seeföhrenstämme. (Perris.)

B. berolinensis L. ist auf der Alb, dem Schurwald und dem Schönbuch häufig in Buchen die auf trocknem Boden stehen. Nach Herrn Türk zu Wien dort auch in Haine, Carpinus betulus.

B. affinis F. sehr häufig im Schönbuch in Gesellschaft von berolinensis an sonnenbrandigen Buchen. Sonst bekanntlich auch an liegendem berindeten Eichenholz (Alb, Ende Juni 1870). Brahm (v. Heyden) erwähnt sie auch an Aspen.

B. undecimmaculata Hb. nach Wagner in Ulmen.

B. novemmaculata L. im jüngsten Holz anbrüchiger Stämme und Stöcke der Seeföhre. (Perris.)

B. octopulata L. nach Perris in jungen Seeföhren. Daselbst und in Aesten starker Bäume Bupr., Solieri Lap. et Gory. Sodann in derselben Holzart B. tarda F., und B. morio F.

B. quadripunctata L. Geht auch in Fichten. Ich fand sie unter der Rinde einer fichtenen Zaunlatte die aus einem starken Schwartenstücke genommen war. Der Käfer hatte sich erst am Zaun eingestellt. Sonst traf ich sie in Fichtenpflanzen mit Pissodes notatus. In Tirol brütet der Käfer unter der Rinde von Wachholder-Juniperus communis)zaunpfählen. Sommer 1851. Ebenso zu Stuttgart, 1877, in Lärchenzaunpfosten. - Ratzeburg vermuthet, mehrere Buprosten begatten sich bei Nacht. Bei quadripunctata ist dies entschieden nicht der Fall. Man trifft sie häufig in copula auf Blüten von Cistus helianthemum L., Hieracien und Ranunculus, und dies stets in der grössten Mittagshitze. Dasselbe gilt ja auch von Buprestis laeta, chamomillae, umbellatarum und von Agrilus tenuis selbst in der Gefangenschaft.

B. conspersa Gyll., nach der Versicherung des Oberforstraths Hahn, aus Aspen erzogen und von mir im Oktober 1855 auf einer mit ihren Löchern versehenen Aspe sitzend gefunden.

Buprestis salicis F. im Juni 1866 aus seiner Splintzwiege in der Rinde eines Eichenprügels erzogen. Käfer auf Löwenzahnblüten.

B. (Anthaxia) praticola Laf. in absterbenden Seeföhrenzweigen. (Perris.)

B. (Trachys) minuta L. lebt als Minirlarve in Salenblättchen. Salenblätter sind auch die Nahrung des Käfers. Man trifft ihn darauf deshalb sehr häufig. Im Mai 1876 sah ich ihn auch Haselblätter fressen. Auch auf jungen Lindenblättern bemerkte ich ihn in Anzahl im Juni 1861.

B. (Agrilus) undata F. lebt an vielen Orten Schwabens als ziemlich in die Augen fallendes Insekt in langen sich schwarz färbenden Larvengängen zwischen Rinde und Splint starker Eichen. Die Larve ist eine vollkommene Agriluslarve, an der das letzte ganz dreieckige Glied mit 2 Spitzen breiter ist als das vorletzte.

B. (A.) bifasciata Ol.[1] in Menge und als förmliche Plage in verschiedenen Theilen Frankreichs in sommer- und wintergrünen Eichen. Die Gipfel der Hochwaldbäume wie das Schlagholz bewohnend. Die absteigenden flachen sich schief in den Splint einkeilenden Larvengänge endigen in flacher Schraube (Fig.) und verursachen das Absterben und häufige Abbrechen der Gipfel.

[1] Mathieu, Catalogue raisonné des collections exposées en 1878 par l'Administration des Forêts. Paris. Imprim. nation. page 86

B. (A.) sexguttata Hb. Als Bewohnerin von italienischen und Schwarzpappeln. Perris und Döbner wohl bekannt. Hier zu Hohenheim von mir erst neuerer Zeit erkannt an den höchst merkwürdigen, horizontal vielfach geschnörkelten Larvengängen einiger gemeiner kanadischen Pappeln.

B. (A.) biguttata F. findet sich nicht leicht irgendwo anders als auf Eichstämmen und -stöcken. Am 12. Juni 1875 sah ich sie in einem Schlage zahlreich in Gesellschaft von B. tenuis und angustula auf den Blättern junger Lindenausschläge. Dass sie daran frassen, konnte ich nicht sicher bemerken.

B. (A.) sinuata Ol. in Obstbäumen, muthmasslich auch in Pirus polveria, Crataegus und Vogelbeerbaum.[1]

B. (A.) viridis L. fand ich in der Form der blauen Ratzeburg'schen nocivus im Jahr 1850 zu Oberstenfeld in Menge todt in ihren Gängen unter der Rinde einer abgestandenen Aspe, zugleich mit Bostrichus binodulus. Im Juni und Juli 1866 ein zweites Mal aus derselben Holzart lebend erhalten. Die Stücke hatten alle Färbungen vom tiefen Stahlblau bis zu Olivengrün und selbst Kupfriggrün.

Die olivengrüne Form, fagi Ratz., trat hier in einzelnen Jahren in bemerkenswerther Menge auf. So wurde der Käfer im August 1836 von Dankholzweiler, Forsts Krailsheim, mit der Nachricht eingeschickt, dass er in freistehenden Buchen keinen unbeträchtlichen Schaden anrichte. Zugleich und in denselben Bäumen hatte sich Bostr. bicolor Hb. eingestellt. Die in den eingesandten Rindestücken enthaltenen alten todten Käfer deuteten darauf hin dass der berichtete Schaden an den Bäumen hauptsächlich vom heissen Sommer 1834 oder 1835 veranlasst worden, in dessen Folge die genannten Käfer sich einfanden. Dieselbe Spielart, fagi, traf ich im Jahre 1854 zu Kirchheim in abständigen Lindenausschlägen. Den Käfer fand ich einzeln auch auf Salenblättern sitzend. — Gänge von Agrilusarten sah ich ferner zu Lateste, 1855, in einer Salweide, zu Stuttgart und Hohenheim in Kopfweiden und zu Kreuth in Tyrol in einem gemeinen Ahorn.

Buprestis (Agrilus) integerrimus Ratz. erfüllt auch hier mit ihren Larvengängen das ganze Holz einzelner stärkerer Seidelbaststämmchen. Der Käfer ist 4 bis 8 mm lang, somit grösser als ihn Ratzeburg angibt.

B. (A.) coryli Ratz. nach v. Heyden auf Aspen.

B. (A.) pratensis Ratz. einzeln zu Hohenheim im Mai und Juni auf Birkenblättern und fressend an Aspenlaub, worauf ihn auch v. Heyden fand.

B. (A.) coerulea Rossi häufig Anfangs Juni zu Hohenheim in Paaren und grosse Löcher in die Blätter fressend auf verschiedenen Loniceraarten, wie xylosteum, nigra, coerulea, racemosa u. s. w.

B. (A.) olivacea Ratz. nach v. Heyden auf Haseln.

B. (A.) angustula Ill. Im Mai zahlreich auf Eichengebüsch schwärmend. Ich beobachtete ein Exemplar, das an einem Eichblatte frass. Im Juni 1874 aus Eichzweigen erzogen. Nach v. Heyden besonders auf Birken, Hainen und Aspen, nach v. Kiesenwetter auch in Rosen.

Melasis flabellicornis F. (buprestoides L.) Im November 1840 fand ich auf dem Bopser bei Stuttgart einen 10" starken Schwarzerlenausschlag mit zahlreichen, bereits vom Specht besuchten Holzgängen. Auch der Mutterstock war davon nach allen Seiten durchkreuzt. Obgleich die Stange noch grüne Blätter und (wahrscheinlich ältere) Zäpfchen zeigte, musste sie in Kurzem eingehen. Die Gänge gehörten Melasis flabellicornis an. Der Käfer fliegt, der Beobachtung zu Hause nach zu schliessen, von Ende Mai an. Um seine Eier abzulegen, wählt er, wie die meisten Holzinsekten, vorzugsweise Aststellen. Die Art der Eierablage erfolgt wohl wie bei den Buprestes, indem der Mutterkäfer Ritzen in der Rinde, vielleicht auch Klüfte im Holze benutzt. Ich fand einen einzigen todten Käfer, welcher, mit ¾ seines Körpers in einem Gang nach innen steckend, den Hinterleib theilweise zum Flugloche herausstreckte. Wurde er dabei im Brutgeschäfte vom Tode überrascht, so fällt auf dass sich sonst in den seit zwei bis drei Jahren angelegten Gängen weitere todte Käfer nicht fanden.

[1] Kleine Feinde der Landwirthschaft 1869. S. 91.

Für eine auch von alten Gängen aus erfolgende Eierablage spräche höchstens die Beobachtung ganz kleiner im Holz mehrere Zoll von der Rinde entfernter Lärvchen.

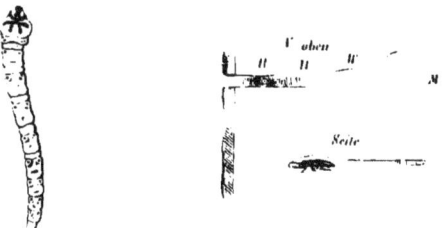

Die Larve hat viele Aehnlichkeit mit der einer Buprestis, insbesondere den breiten ersten Leibesring, aber verhältnissmässig viel längern Körper. Eigenthümlich sind die bogenförmigen, glänzendbraunen Zeichnungen des ersten Rings (Kopfs?). Die hinter den Luftlöchern befindlichen (grau angedeuteten) Flecken scheinen zur Bewegung dienende rauhe Stellen zu sein. Die Farbe des ganzen Leibes ist weiss. Die Larve nimmt in ihrem Gang eine mehr als hufeisenförmig gekrümmte Lage ein und drückt das Wurmmehl (M) in halbkreisförmigen Bögen hinter sich zusammen. Die Gänge sind ganz oder annähernd wagrecht, in dieser Ebene aber buchtig (Fig.). Folge davon ist, dass das mit Gängen durchzogene Holz beim Spalten stets horizontal in Stücke ausspringt. Die sehr niedere Ganghöhlung verläuft, wenn sich die Larve verpuppen will, unvermerkt in eine rinnenförmige Wiege (W) worin die Verwandlung vor sich geht. — Vor der, Ende Mai stattfindenden, Verwandlung liegt die Larve in zwei Hälften zusammengeschlagen, so dass der Kopf nicht wagrecht bleibt, sondern der Winkel von der Bauchseite gebildet wird. Die Puppe hat Aehnlichkeit mit der von Lymexylon. Nachdem bald aus ihr der Käfer sich entwickelt hat, findet man wohl noch die deutlichen Reste des ersten Larvenrings, kaum aber eine Spur von Puppenhülle. Endlich frisst sich der Käfer aus der 8 bis 11^{mm} tief unter der Rinde liegenden Wiege heraus, erst Holzmehl (H), dann dunkleres Rindemehl (R) hinter sich schaffend. — Aus einem im November gesammelten Holzstück entwickelten sich Käfer mehrere Jahre hinter einander. Ich muthmasste daraus mehrjährige Entwicklungsdauer, möchte aber doch bei dem Einflusse den Trockenaufbewahrung des bewohnten Holzes auf das Wachsthum der Larven übt, ein bestimmtes Urtheil zurückhalten.

Am 18. Mai 1868 fanden sich mehrere Käfer auf einem etwas schattig am Boden liegenden, ein Jahr zuvor entrindeten Eichenreitel. Der eine hatte sich, eine Schwindspalte benützend, auf halbe Länge des Leibes, ein anderer auf etwa 2" Tiefe eingefressen. Neben diesen sassen noch einige weitere sich zudrängende Exemplare, gleichsam mit der Absicht das bestehende Bohrloch ebenfalls zur Brut zu benützen.[?] — Durch Riegel, v. Heyden und Andere in Buchen und Birken hausend gefunden.

Tharops melasoides Lap. (**Iscrhipis Lepaigei Lac.**) ist in Württemberg sehr verbreitet in abständigen Buchen und kommt manchmal mit dem Holz in die Magazine. Doch pflanzt er sich hier nicht wie der verwandte Ptilinus weiter fort. Die Art und Form der Gänge der Larven, deren gekrümmte Lage im Gang, der horizontale Verlauf des letztern, die Lage des Käfers in der Wiege, kurz Alles harmonirt mit den vorstehend, bei Melasis, gemachten Angaben. Nur sind die Larvengänge nicht so niedrig wie bei Melasis. — In der Monatsschrift für das württembergische Forstwesen, 1851, S. 86 findet sich über diesen Käfer eine Notiz, in welcher er jedoch irrthümlich für einen Elater gehalten wird.

Eucnemis capucinus Ahr. ein weiterer im Holz anbrüchiger Buchen, Linden, Pappeln und Apfelbäume lebender Käfer. (v. Heyden.)

Elater.

Beobachtungen über diese Gattung wären in forstlicher Beziehung sehr erwünscht, da man in so vielen anbrüchigen Baumstämmen (Eichen, Buchen, Weiden etc.) und im Boden der Saatschulen verschiedene Elaterlarven trifft.

Am 30. Mai 1849 brachte mir Herr Studiosus Grimm in der Hohenheimer Saatschule eine eben ausgegrabene keimende Eichel, worein sich eine Elaterlarve mit dem vordern Körpertheil eingebohrt hatte. — Eine Springkäferlarve mit gewöhnlichem Hinterleibsende und am Grunde des letzten Gliedes den beiden grossen Luftlöchern, wie sie bei segetis vorkommen, steckte in hiesiger Saatschule im Juni 1875 fast mit dem ganzen Körper in einem langsam keimenden Arvensamen.

 Eine mit nebenstehendem Afterstück versehene Larve war mit dem Kopf in einen keimenden Föhrensamen eingebohrt. Unter dem diese bedeckenden Moose befanden sich einige E. obscurus (Gyll.? (Ol.?).

Elater fugax F. (brunneus L. var.) auf einer alten Schäleiche. Hohenheim, Mai 1868. — E. thoracicus. L. nach v. Heyden in morschem Eichenholz. — E. rufipes (fulvipes Hb.) Hb. als Larve in Seeföhren unter der von Bockkäfern minirten Rinde und vom Mulm und den Auswürfen genannter Kerfe lebend. (Perris.) Im Juni 1870 von mir unter Ahornrinde zu Kapfenburg gefunden. — E. rufipes Fourcr. nach v. Heyden unter Eichenrinde. — E. atomarius F. als Larve in von Bockkäfern durchwühlten Seeföhrenstocken. (Perris.) — E. varius F. die Larve nach Blössen im Innern fauler dicker Eichen. — E. rufus F. in alten von Bockkäferlarven zerwühlten Seeföhrenstocken. (Perris.) — E. rhombeus Ol. unter der Rinde oder im Holz alter abstandiger Eichen, in Erle und Seeföhre. (Perris.)

E. sanguineus L. häufig in gemeinen Föhren und, nach Perris, auch Seeföhrenstöcken. Dürfte, weil man ihn im Mai öfters auf Fichtenstöcken laufen sieht, auch in diesen brüten.

E. haematodes F. Ein Weibchen verzehrte am 15. Juni 1876 behaglich die Blattläuse an der Blattunterseite eines Ahorns. Ein anderes Mal sah ich haematodes eine Chrysomelenlarve oder deren Haut auf einer Sale zerkauen. Auf derselben Holzart sah ich im Juli 1876 E. holosericeus F. Blattläuse fressen.

E. fasciatus F. in faulem Eichenholz. Oberstenfeld 1850. — E. trifasciatus Hb. im Juli 1850 in Tyrol mehrmals auf Fichtenstämmen kriechend, vielleicht um dort seine Eier abzulegen. — E. fulvipennis Hffsgg. (nach Ratzeburg) im faulen Mulm hohler Weiden (Salix alba). Hohenheim. Zu Frankfurt sah ich ihn im Mai 1863, vermuthlich um zu brüten, an einer faulen Aststelle eines Nussbaumes hin und her laufen. — E. (Cryptohypnus) minutissimus Germ. im August 1850 im Innthal in Menge auf Föhrenzweigen. Durch v. Heyden auf Haselgesträuch, von Professor Kirschbaum auf jungen Birken beobachtet.

Lycus sanguineus F. durch v. Heyden aus dürrem Erlenholz und andern Waldhölzern erzogen. — L. flavescens Redtb. in alten Buchenstöcken. (v. Heyden.)

Malacodermata.

Cantharis fusca L. interessirt uns im Winter in Larvenform als sogenannter Schneewurm. Dass diesen, sowie Cynips aptera und Schneeläuse häufig das in den Boden dringende Schneewasser an die Oberfläche treibt, weiss jeder Besucher des Waldes. Ich bemerkte aber auch schon mehrmals, z. B. im Januar 1865, dass Cantharislarven bei gefrorenem Boden herauskamen, nachdem in der vorhergehenden Nacht unter Sturm neuer Schnee gefallen war.

Malachius bipustulatus L. Nicht selten aus altem Holze mit Forstinsekten kommend. — M. pulicarius F. in einer Zelle in der Rinde einer hiesigen Silberpappel. Juni 1859 ausgekrochen. Der Käfer, nach Perris, Staubbeutel einer Agrostis fressend. — M. marginellus F. Nach v. Heyden in Waldhölzern mit Anobium angusticolle n. s. w. in Seeföhrenzweigen. — M. (Anthocom.) lateralis F. in der Seeföhre, als malachinsähnliche Larve in den Gängen von Bostr. bidens F. (Perris.) — M. (Hypebaeus) flavipes F. aus Hainenholz erzogen (v. Heyden.) — Dasytes flavipes F. Nach Perris in den Gangen des der Seeföhre bewohnenden Bostrichus bidens. Nach v. Heyden in altem Buchen- und Hollunderholz. — D. coerulens F. Auch dieser Käfer gehört zu den nützlichen und zugleich täuschenden Forstkerfen. Man findet ihn in den verschiedensten Hölzern. Er bewohnt den faulen Stamm, besonders aber todte Aeste von Eichen, Hainen, Buchen. Auch findet er sich in Rindegangen stehender oder im Freien verbauter, noch mit Rinde bekleideter Fichtenstämme. Eine im Dezember in einem Buchenaste gefundene Puppe war Anfangs März bereits zum Käfer geworden. —

Im April 1842 fand ich ihn in einem das Gebalk einer Hütte bildenden Fichtenstock. Er lag im Mulm, die meisten Stücke ganz frisch entwickelt. Daneben die Larvenhäute, kenntlich durch die deutliche an dem Hinterleibsende der Larve sitzende Gabel. Die Larve lebt nothwendig von den Larven der Xylophagen. Ich glaube deutlich beobachtet zu haben, dass sie nur in den Spänen dieser letzteren (Bockkäfer etc.) fortwühlt, hinter sich aber auch wieder den Gang mit Mehl ausstopft. Auch die Wiegen in denen die Käfer lagen, waren im Mulm anderer Käfer angelegt. — D. (Haploenemus) pini Redtb. auf blühenden Föhren.

Tillus ambulans F. Recht gut auf Panzer's Abbildung passend, nur mit Querrunzelung des punktirten Halsschilds die dort nicht angegeben ist. Mit Ptilinus pectinicornis aus anbrüchigem Buchenholz von der Alb erzogen. Aus demselben Holze wiederholt bei v. Heyden.

T. mollis L. Aus anbrüchigem Holz einer Edelkastanie erzogen, wo seine Larven ohne Zweifel dieselbe Lebensweise führten wie die von Clerus. Ein anderes sehr schmächtiges Exemplar aus einem reichlich mit Larven von Anobium striatum Ol. besetzten Stück Birkenholz aus der Schweiz. Bei v. Heyden aus alter Epheurinde und aus überwintertem Buchenholz entwickelt. Ferner von Perris gefunden in dürren Rebschenkeln mit den Larven von Apate sinuata [dürfte sexdentata heissen sollen], in Seeföhrenzweigen mit denen von Anobium molle, unter der Rinde starker Seeföhren mit Bostrichus bidens und laricis, endlich in den Brettern der Häuser mit Anobium striatum Ol. — Diplocoelus fagi Guér. unter Buchenrinde. (v. Heyden.)

T. unifasciatus F. fliegt sehr häufig Ende Mai und Anfangs Juni auf dem Schälholz, um hier seine Eier abzulegen. Ich erzog ihn auch aus faulem Eichenholze zugleich mit Apate sinuata, und mit Cerambyx adspersus aus Eichenästen, worin Buprestis unifasciata Ol. gehaust hatte.

Clerus.

Clerus (Denops) persouatus Gené in abgestorbenen Reben, die Larven von Apate sinuata [sexdentata?] verzehrend. (Perris.) — C. mutillarius F. Zu Frankfurt auf den Zimmerplätzen an Eichenholz und auf einer alten Buche. (v. Heyden.) Nach Perris in Eichen und Ulmen von Larven der Borken- und der Bockkäfer lebend. — C. (Tarsostenus) univittatus Ross. nach Perris im Eichensplinte, den Splintkäfer, Lyctus canaliculatus, verfolgend. — C. alvearius F. als lebhaft rothe Larve mit schwärzlichem Kopf, Flecken auf den Brustringen und dem letzten mit einem Paar etwas einwärts gekrümmten Haken versehenen Hinterleibsgelenk unter der von Bostrichus laricis durchwühlten Rinde einer jungen Seeföhre. (Perris.)

Clerus formicarius F. Zur Lebensweise dieses gemeinen Insekts ist hinzuzufügen, dass es in einzelnen Jahren, z. B. 1818, fast ganz fehlt und dass man es den Winter über unter Rindeschuppen an Föhren findet. Mit den ersten warmen Tagen verlässt es schon dieses Winterquartier. Die Larve auch in den Gängen von Hylesinus crenatus in starken Eschen in grosser Menge, offenbar von dessen Larven lebend. Auch auf der Seeföhre gemein und zwar nach Perris in den Gängen von Bostr. stenographus, Buprestis tarda und Cerambyx aedilis.

C. 4-maculatus F. in jungen Seeföhren den Larven von Holzfressern, und an alten Bäumen unter den äussersten Rindeschuppen den Raupen von Minirschaben nachgehend. (Perris.) Dieser macht darauf aufmerksam, dass die Höhlung in welcher sich Clerus, Denops, und Tillus verpuppen, mit einer seidepapier- oder pergamentartigen Masse ausgekleidet ist.

Lymexylon.

Lymexylon navale L. Durch v. Heyden an Edelkastanien gefunden. Die Weibchen suchten die Spitzen ihres langen Hinterleibes in Ritzen zu stecken. — Die Gangform des Käfers weniger bizarr als in Ratzeburg's Linné'scher Abbildung.[1]

L. dermestoides L. Im Sommer 1839 in einem dicken Eichstamme. Neben 25 Puppen fand sich nur noch eine Larve. Aeusserlich an der Eiche, die wohl früher geschält sein mochte, verliefen in länglichen Gruppen eine Menge Löcher jeden Durchmessers. Die Gänge recht säuberlich gereinigt. — Anfangs Juli 1846 in einem Schlag auf dem Schwarzwald in Menge in ziemlich frischen Tannenstöcken. Diese über und

[1] Kritische Blätter 50. Bd. 1. S. 191.

Nördlinger, Lebensweise von Forstkäfern 2

über von dem aus den Gängen ausgestossenen Wurmmehle bedeckt. Die Larven zur Zeit der Beobachtung noch sehr klein, Ende März des folgenden Jahres aber gross und zur Verwandlung reif, auf den ersten Blick glatt erscheinend, bei näherer Betrachtung aber etwas behaart, übrigens nicht so stark wie in der Ratzeburg'schen Abbildung. Das Eierlegen geschieht kurz nach dem im Vorsommer geschehen Hiebe.

Herr Riegel beobachtete den Käfer im Schwarzwald auch in niedergebrochenen Birkenstangen. In Stämmen derselben Holzart vor einer Sägmühle hausend war er im Juni 1878 in Enzklösterle zu sehen. Die auf die Baumachse senkrechten Larvengänge hier häufig in umfänglich wagrecht unter der Rinde verlaufende Gänge ausmündend, welche jedoch anscheinend nur von der jungen Larve gebraucht. In Buchenstöcken, wo der Kerf sehr gemein ist, fand ihn Riegel ebenfalls schon in den vierziger Jahren. Im Herbst 1850 hauste er zu Oberstenfeld in gemeiner Erle. In der nebenstehenden Zeichnung die über und über mit Holzmehl bedeckten Larvengängeansmündungen wie sie sich an letztgenannter und auch an andern Holzarten darstellen.

[?] (Dem vorhergehenden verwandt.) Ein Kirschbaumklotz an der Strasse bei Enzklösterle mit unzähligen Bohrmehlhäufchen bedeckt, war bis ins Holz von einer Menge stecknadelweiter Löcher durchbohrt, worin kaum zent.-lange in sich gekrümmte Larven vereinzelt lebten. Sie sahen Dermestoid esarven ähnlich, trugen aber statt des runden Aftergriffels (G) eine breite Schaufel welche an manche Elaterlarven erinnerte und vielleicht später Griffelform annimmt. [?] (Zeichnung nach einem todten verschrumpften Stücke.)

Ferner sei hier gefragt, von welchem Kerfe die meist gruppirten senkrecht auf die Achse ins Holz eindringenden grossen Löcher herrühren, welche ich im Mai 1876 zu Rohr an einem an der Strasse liegenden Nussbaumklotze sah.

Ptinus.

Ptinus imperialis L. Zu verschiedenen Malen aus todtem Buchenastwerk, aber auch aus krankem Stammholz erzogen. Im März 1848 zu Hohenheim als dicke Larve unter der Rinde eines abgestorbenen Klebrobinienstammes; die Gänge halb im Splint verlaufend. — Ende Septembers 1849 am Fusse der Alb in der Rinde des Nussbaums (Juglans regia). Viele Puppen und fertige Käfer im Gespinnste. — Zur gleichen Jahreszeit, zu Hohenheim als Puppen und fertige Käfer in Kokon in Baumstützen aus Birken und Salen. — Im Sommer 1850 zu Kreuth in Tirol in faulem Ulmenholze. — Daselbst in starken Ahornbäumen (pseudoplatanus), im Innern der sich wie an der Platane ablösenden Rindeblätter. — Im Juli 1868 zu Hohenheim unter der Rinde von Acer dasycarpum. — Zu Kirchheim, 1854, in anbrüchigen Erlen. — Endlich wieder zu Hohenheim im Juli, die offenbaren Larven von imperialis in einer dürren Eichenstange, und im Mai und Juni 1873 aus anbrüchigem Holze von Crataegus pyracantha hervorgehend. — Der Käfer entwickelt sich Anfangs Mai und fliegt zu dieser Zeit, auch noch später, bis Juli und August, am hellen Tage, bei Sonnenschein. Findet man auch ihn selbst nicht immer, so sind doch die halberbsengrossen eiförmigen weissen Puppengespinnste ein sehr karakteristisches Zeichen für seine Anwesenheit. Da solche Hüllen auch im anbrüchigen Splinte von Zwetschenbäumen fand, muss er wohl auch in diesen leben.

Ptinus fur L. In forstlichen Sammlungen verschiedener Art, so in alten Eicheln und mancherlei Baumrinden auch weichem morschen Holze, z. B. mit Anobium striatum Ol. in Acer dasycarpum (1876). Näheres anderweitig. [1]

P. sexpunctatus Pz. In den gelben thierischen Abschabseln eines von einer Sphex bewohnten alten Bockkäfergangs unter der Rinde einer abgestandenen Eiche zu Kirchheim. Ich erhielt den Käfer im Frühling 1854, und aus demselben Rindenstück im Jahr 1855 wieder, muss daher eine mehr als einjährige Generation oder Verspätung muthmassen. Nach v. Heyden auch in Cocens auf Eichen und sonst unter Buchen- und Platanenrinde. Offenbar überall Schmarotzer. —

P. rufipes F. Von Herrn v. Heyden als an Carpinus vorkommend angegeben. Nach Herrn A. Keller zu Reutlingen im Juni häufig an alten Schranken, wo er in Holze haust oder den Resten anderer Kerfe nachgeht. Von mir im April zu Stuttgart aus einer Puppe unter Zwetschenbaumrinde, im Mai 1861 aus todtem Holze von Cornus sanguinea und 1873 mit Ptinus imperialis und Malachius aus morschem Holze von Crataegus pyracantha L. erhalten. — P. ornatus

[1] Kleine Feinde der Landwirthschaft. 1869, S. 101.

Müll. aus dürren Pflaumenzweigen erzogen. (v. Heyden.) — P. dubius St. Ein rothbraunes Käferchen von der Grösse des Anobium abietinum, das ich zu Hunderten beiderlei Geschlechts aus den Blütenständen der Seeföhre, Pinus pinaster, theilweise zugleich mit Tortrix Mulsantiana und Nördlingeriana zu Grand-Jouan in der Bretagne erzog, jedoch am 6. Juni 1850 zu Winnenden und 15. Mai 1850 zu Stuttgart einzeln auf gewöhnlichen Föhren fing, somit auch als Bewohner des südwestlichen Deutschlands betrachten muss. In den Seeföhrenbluten bildet die Larve behufs der Verpuppung aus Abfällen und Pollenkörnern eine Schale woraus das Käferchen sich im August entwickelt. (Perris.) — P. pilosus Müll. zu Stuttgart auf einem Eichenstocke kriechend.

Anobium.

Die Anobien im unvollkommenen Zustande sind am leichtesten mit Ptinusarten zu verwechseln. Indessen lassen sich Anobienlarven erkennen an Dörnchen des Körpers, stärkerer Behaarung der Beine, kürzern Mandibeln u. s. w. (Perris.) Sodann ist ein sehr bequemes Unterscheidungsmerkmal das Fehlen oder Vorhandensein von Kokons in dem bewohnten Baumtheile. Die Anobien liegen nämlich als Puppen mehr oder weniger frei in ihrer Höhlung, die Ptinus dagegen in einem förmlichen Kokon. Nur bei einigen Anobien aus der Nähe von molle die Puppen in krustiger brauner Umhüllung, nicht in eigentlichem Gespinnste. Die Entwicklungsdauer welche Ratzeburg bei Anobium molle zweijährig muthmasst, weist Perris bei mehreren Arten wie abietis, angusticolle, villosum und paniceum als einjährig nach.

A. (Ernobius) molle F. lebt in halbdürren und dürren Föhrenästen, öfters in Gesellschaft von Bostr. Lichtensteinii und Hylesinus minimus. Im Sommer 1842 fand ich Larven, die sich im Juni 1843 zu Käfern verwandelten, was auf die von Ratzeburg I., S. 46 angenommene zweijährige Generation hinweist. Indessen spricht für einjährige von Perris. ebenfalls vielfach in todten Astholze der Seeföhre beobachtete, sowie die Raschheit mit der sich der letztere in Hölzersammlungen, wie z. B. in der hiesigen, vermehrt. Erst nur in einem Klötzchen von Pinus strobus, wie immer in Rinde und Splint, nach und nach aber in Föhren, Arven, Fichten, Tannen und Lärchen, soweit dieselben berindet waren. Seine Hauptnahrung ist die Bastschicht. Oft greift er tief in den Splint ein. So ist er hier zu einer wahren Plage geworden, welche alsbaldige Entrindung oder Vergiftung der in Rede stehenden Objekte nothwendig macht.

Es dürfte auch in Fichtenzapfen vorkommen. Wenigstens erzog ich daraus mit abietis F. einzelne grössere Individuen, die ich von molle nicht zu unterscheiden vermag.

A. (Oligomerus) brunneum Strm. Ein kleineres Ende Juni 1842 zu Stuttgart aus faulem Birnbaumholz und ein grösseres Ende Juni 1847 zu Hohenheim aus einem faulen Eichenstock. In derselben Holzart bei v. Heyden zu Frankfurt. Haag daselbst fand ihn in einem alten Apfelbaum.

A. (Ernobius) abietis F. Man findet die Larven dieses Käfers gewöhnlich in Menge in den alten morschen, am Boden liegenden Fichtenzapfen. Doch trifft man auch einige wenige Anobienlarven in ganz frisch gefallenen Zapfen, zum Theil zusammen mit Tortrix strobilana. Diese Larven sitzen dann blos unter den Schuppen unmittelbar an der Aufhängestelle des Zapfens oder in langen Gängen die in der Spindel verlaufen. Es fragt sich somit, ob erwachsene Larven von An. abietis manchmal schon in einjährigen Zapfen vorkommen, oder ob die oben beschriebenen Larven anderen Arten, wie longicorne, angusticolle oder molle, angehören. — Ende Februar findet man keine Puppen von abietis mehr in den Zapfen, wohl aber eine Menge schon fertiger Käfer die sich in ihrer Höhlung dicht unter einer Schuppe ohne Zweifel schon im Herbst zuvor verwandelt hatten, um sich im ersten Frühling durch ein kreisrundes Loch herauszufressen. Nachzügler aus den Zapfen noch in einigen folgenden Jahren. — Perris beobachtete den Kerf auch in der Schwarte der Seeföhrenrinde. Wenn er als sonstigen Entwicklungsort nach Ronzet die Rinde der gemeinen Tanne (sapin commun) angibt, so dürfte hierunter Fichte zu verstehen sein.

A. parens Muls. nach v. Heyden von Ende Mai bis Juli aus alten Fichtenzapfen und in alten Budianasprossen der Fohre. — A. parvicolle Muls. Im April und Mai aus unreif abgefallenen Fichtenzapfen. (v. Heyden.) — A. (Ernob.) consimile Muls. nennt Herr L. v. Heyden einige Individuen die ich in Gesellschaft eines kleinen raspes F. oder jedenfalls diesem sehr Verwandten im Jahr 1872 dahier aus einem grösseren Quantum Fichtenzapfen erzog.

Käfer.

A. (E.) nigrinum Er. Ueber die Entwicklungsgeschichte dieses Insekts herrscht noch einiges Dunkel. Am 19. Octbr. 1841 fand ich eine Larve in einem jungen Föhrentriebe. Man bemerkte an letzterem, dass über dem Aufenthaltsort der Anobiumlarve die nunmehr dürren Nadeln kurz geblieben waren, also im Augenblicke des Austreibens durch den Frass der Larve mussten in ihrer Entwicklung unterbrochen worden sein. — Da der Käfer Ende Mai 1842 nach kurzem Puppenzustand ausflog, also auch das Eierlegen nicht vor Juni stattfinden kann, so fragt es sich, ob nicht das Ei dessen Larve im Frühjahr 1841 obigen Föhrentrieb unterdrückte, schon im Sommer 1840 an die Knospe gelegt worden war. Man ist versucht es anzunehmen.

Im Mai und Juni 1867 erzog ich zahlreiche nigrinum zu Hohenheim aus Schwarzföhrenholz.

A. (E.) longicorne St. nach Perris auch unter der Rinde und manchmal ins Holz schwacher Seeföhren eingreifend.

A. (E.) abietinum Gyll. an dürrem Fichtenreisig im Walde nicht gerade selten. Ich fand bald Männchen, bald Weibchen in vorherrschender Anzahl. Die Weibchen zeigen fast die Statur von abietis. Hohenheim, Frühling und Sommer 1846 und 1847.

Zwei Exemplare, im Wesentlichen mit der Beschreibung Ratzeburg's zusammenstimmend und auch von Herrn L. v. Heyden für diese Art gehalten, zeigen einige Eigenthümlichkeiten. Beim Männchen ist das 9. Fühlerglied etwas kürzer als das 7. und 8. zusammen; die Glieder ganz allmählig grösser werdend, ausser dem Sprung vom 8. zum 9. Beim Weibchen kein allmähliges Zunehmen bis zum 8. Glied. Aus Föhrenzapfen erzogen. Oberstenfeld, Sommer 1851.

A. (Xestobius) tesselatum L. zu Stuttgart und Baden-Baden im anbrüchigen Holze der Edelkastanie, wo es auch v. Heyden fand, und im alten Kirschenholze meiner Sammlung.

Th. Hartig, Kulturpflanzen S. 365, gibt es als in Erle hausend an. v. Heyden fand es ausserdem in Hainen und Weiden.

A. (Dryophilus) pusillum Gyll. als frisch ausgekommenes Insekt in dürrem, schon vor mehreren Jahren zu einer Hütte geflochtenen Fichtenreisig, die Knospen bewohnend, in denen ich Ende Mai 1842 noch einige Käfer traf. Auch v. Heyden erzog es aus Fichtenknospen und fand es sonst auf blühenden Fichten und Föhren. Im Vorsommer 1850 in Massen im Stuttgarter Schlossgarten auf Lärchen, ohne Zweifel aus den dürren Kurztrieben hervorgegangen.

A. plumbeum Ill. Von Herrn K. v. Heyden zu Frankfurt aus Buchenholz erzogen.

A. rufipes F. in Menge im faulen Holze von Kopfweiden, Salix alba, Zwetschenbäumen, Birn- und Apfelbäumen. Im Juni und Juli sieht man häufig Paare auf dem rindentblössten Holze sitzen. Nach von Heyden wiederholt aus gespeichertem Hainen- und aus Nussbaumholz erzogen.

Anobium nitidum Hb. Statur und Grösse von striatum Ol., Grundfarbe von tesselatum, aber gelbscheckig durch Borstenhärchen auf Bruststück und Decken. Aus Buchen zu Urach. 1847.

A. denticolle Pz. nach v. Heyden zu Frankfurt unter Buchen- und unter Fichtenrinde.

A. pertinax F. (der Trotzkopf) der als in verarbeitetem Holz allgemein verbreitet angegeben wird, ist auffallend selten. Er dürfte in altem Eichensplintholz leben.[1] Böttger (v. Heyden) fand ihn in altem Kirschbaumholze.

A. striatum Ol. (domesticum Fourer.) haust hier im todten Eichensplintholze des Waldes und der Sammlungen. Ebenso zu Stuttgart im abgestandenen Holze einer kranken Morus nigra, zu Ludwigsburg 1849 mit Ochina lederae zusammen in trockenen Epheuranken, wo ihn auch Perris angibt, endlich in anbrüchigem Holze von Acer dasycarpum wo sich, wie nachfolgend gesagt, auch das entschieden schwarze morio findet, und in einem dürren Lindenaste. Früher schon (Grand-Jouan 1815) hatte ich es in Splint eines alten Prügels von Edelkastanien gefunden. Bei hohem Alter werden von ihm wohl alle Holzarten angegangen. So fand es sich Ende Juni 1861 zu Erbach im Odenwald eben auskriechend im Splintheil eines alten Föhrenbodens. Auch im alten Seeföhrenholz ist es nach Perris gemein. Steht Fichtenholz in feuchtem Raum oder wird es von Zeit zu Zeit benetzt, wie ein in nördlichem Gelasse bei mir stehendes Gestell einer Wage und ein hiesiges Badehäuschen, oder Tröge in Ställen, so kann es von ihm schon nach sechs bis zehn Jahren bewohnt werden. Es zieht dabei den nährstoffreichen Splint dem reifen Holze vor.

[1] Vergl. Kleine Feinde der Landwirthschaft. 2. Auflage. S 189

A. fagicola Muls. von Schmitt (v. Heyden) aus altem Buchenholz erzogen. — A. morio Vill. (fulvicorne Sturm). Im Juli 1860 und seither wiederholt zu Hohenheim aus anbrüchigem Vogelbeerholz entwickelt. Sodann daselbst aus Platanen und 1870 aus Acer dasycarpum Ehrh. Was ich früher, mit den Anobien weniger vertraut, als A. nitidum F. aufführte und mehrere Jahre nach einander aus einem im Jahr 1850 gesammelten faulen Ulmenholz von Kreuth erzogen hatte, ist ebenfalls nichts anderes als morio. Doch muss ich bemerken dass darunter sich einige sehr braune und auch hinsichtlich der Punktreihen und Deckenabstutzung von striatum kaum zu unterscheidende Exemplare befinden. Ausserdem nach Perris in Edelkastanie und Haine.

Ptilinus pectinicornis L. Zu Kreuth in Tirol, wie am Fusse der Alb, im Ahorn (Acer pseudoplatanus). Am Fusse der Alb ausserdem im Nussbaum (Juglans regia). Zu Obersteinfeld in Pulverholz (Rhamnus frangula). Zu Hohenheim in Menge in Baumstützen von Erlen- und Hainenholz. In der 7^{mm} dicken Wandung eines meiner aus Ahornholz gefertigten Insektenkästchen und nur in dieser Wandung hauste der Kerf, unter Vermeidung der Oberfläche, verschiedene Jahre; was auf längere als einfache Generation hindeutet, insofern nur selten ein Käfer zum Vorschein kam (1873).

Xyletinus pectinatus F. an alten Apfelbäumen (v. Heyden). — X. niger Müll. in Menge, mit Ochina hederae, aus Epheu. — **Dorcatoma flavicornis F. und rubens Ent. H.** nach v. Heyden in rothfaulem Eichenholz. — **Cis bidentulus Rosenh. und Cis festivus Panz.** Ende März 1848 zu Hohenheim aus faulem Edelkastanienholz erzogen.

Apate capucina L. Gehört mit Lyctus unter die Kerfe die im Frühjahr geschäftig auf dem Eichen- und Edelkastanienholze der Zimmerplätze herumlaufen, um ihre Eier abzulegen. Ist das Holz im Saft gefällt worden und entrindet schnell an der Sonne getrocknet und aufgerissen, so können die angeführten Insekten ihre Brut leicht tief ins Splintholz hinein unterbringen.

In dem Zimmer eines meiner Bekannten zu Grand-Jouan brachen plötzlich eine Menge capucina und zwar, wenn ich mich recht erinnere, durch die Tünche des eichenen Gebälks heraus. Irre ich ferner nicht, so war das Zimmer schon mehrere Jahre zuvor erbaut worden. Somit würden die Eier von capucina, auf dem Holzplatze gelegt, wohl mehrere Jahre bis zur endlichen Verwandlung in Käfer brauchen. Ich bin natürlich weit entfernt zu behaupten, Apate lege nicht unter Umständen ihre Eier auch in den Gebäuden selbst. Von Lyctus ist es nur zu gut bekannt.

A. sinuata F. In Gesellschaft des übrigens vor ihm ausgeflogenen Scolytus intricatus in einem alten, unter dem Leseholze befindlichen Eichenprügel. Im März 1846 starke Larven, Ende Juli der vollkommene Käfer schon todt. Perris, S. 219, lässt sinuata auch in Rebholz vorkommen. S. 228 erlaubt aber den Gedanken dass damit nur Apate 6dentata Ol., die gewöhnliche dortige Bewohnerin des Weinstockes gemeint sei.

A. varia Ill. nach v. Heyden und Stern aus dürrem Buchenholz und aus Eichen erzogen. — **A. substriata Payk.** unter den Rindestreifen wahrnehmig behauener Zaunbälkchen aus Seeföhren. (Perris.)

Lyctus canaliculatus L. Haust auch im trockenen Holze wo Clematis vitalba. Manche Hölzer, wie Robinie und Eiche, woran ihm die Rinde nicht angenehm zu sein scheint, besetzt er mit seiner Brut nur von den rindelosen Stellen aus. — Es schien mir dass im Wasser gelegenes Holz nicht oder nicht gern von ihm bebrütet werde. Darum wäre das Auslaugen als Mittel gegen den lästigen Käfer zu versuchen.[1]

Lyctus bicolor Perroud. In Frankreich nach Perroud in Platanenzweigen, nach v. Heyden zu Frankfurt in Weidenholz. — **Hypophloeus bicolor Ol.** nach v. Heyden aus Waldhölzern erzogen und im September unter [Schuppen von?] Apfelrinde. — **H. bipustulatus F.** zu Bebenhausen im März 1844 unter Eichenrinde. — **H. castaneus S.** unter Baumrinden. — **H. depressus F.** unter Eichenrinde. (v. Heyden.) — **H. fasciatus F.** in Eichenholz. (v. Heyden.) — **H. ferrugineus Kreutz.** zu Adelberg aus Tannenholz, nach v. Heyden unter Föhrenrinde. — **H. linearis F.** mit Bostrichus bidens in den Aesten der Hakenföhre bei Gabas in den Pyrenäen, September 1845, und in der Seeföhre bei Bordeaux, 1855. Perris gibt ihn hier als Räuber von bidens an. Auch v. Heyden fand ihn in Föhren. — **H. pini Pz.** nach Perris in doppelter Generation als Räuber mit stenographus in der Seeföhre des Landes.

Cioma culinaris L. und Perroudi Muls. manchmal vom Spätsommer ab den Winter über in Seeföhrenstöcken des südwestlichen Frankreichs. (Perris.) Ersterer nach v. Heyden auch unter Eichenrinde und in alten Weidenbäumen. **C. ferruginea F.** nach v. Heyden unter Rinden. — **Phthora crenata Muls.** im Holze fauler Seeföhrenstöcke. (Perris.) — **Tenebrio curvipes F.** im Mulm alter von Bockkäfern durchwühlter Seeföhrenstöcke. (Perris.) — **T. incurvus Kust.**

[1] Kritische Blätter 51. Bd. II. S. 231 (Vorkommen) und 52. Bd. I, S. 245 (Vertilgung).

in alten Apfel- und Kirschbäumen. (v. Heyden.) — Helops lanipes L. in fauler Kirschbaumrinde zu Kanzig, 1842. — H. caraboides Pz. (nach Herrn v. Heyden) in faulen Tannenstöcken in den Pyrenäen, Oktober 1845, und nach Perris in denen der Seeföhre. — H. (Eryx) Fairmairii Reiche in faulen Seeföhren, Bordeaux, September 1855. Nach Perris vom Holze lebend. — Allecula morio F. in hohlen Eichen und Buchen. (v. Heyden.) — Cistela ceramboides L. an alten Eichen und als mehlwurmähnliche Larve in deren morschem Innern. — C. atra F. Aus meiner Knabenzeit erinnere ich mich des Käfers, der Abends um hohle Kopfweiden flog und sicherlich in deren Holzerde brütet. Neuerlich fand ich die Larve in hohlen Eichen, in der pulverförmigen braunen Erde die sonst den Trichiuslarven zum Aufenthalte dient, und im Februar 1856 brachte mir sie Herr Stud. Walchner aus der schwarzbraunen Modererde des faulen Innern eines Apfelbaums. Sie war hier in Gesellschaft von grossen Engerlingen die ohne Zweifel dem Trichius eremita angehörten. v. Heyden gibt sie auch in hohlen Linden an. Die Larve ist in Grösse und Aussehen der gemeinen Mehlkäferlarve sehr ähnlich. Doch hat der braunrothe Kopf eine deutlichere Gabel als bei der des Mehlkäfers. Die Fühler wie bei letzteren. Das vordere Fusspaar merklich grösser als die zwei übrigen. Die drei letzten Körperringe nicht horniger und dunkler, wie bei der Mehlkäferlarve, sondern von derselben Festigkeit und blassgelben Farbe, welche theilweise den Darminhalt durchscheinen lässt, und schön glänzend wie die ganze Larve. Der letzte zwölfte Ring verlängert, stumpf, ohne die zwei Spitzen welche bei der Mehlkäferlarve den Rücken des letzten Gelenks beschliessen, und mit zwei weniger als bei der Mehlkäferlarve entwickelten Nachschiebern (Afterklappen). Puppe im Mai, Käfer im Juni. Generation wahrscheinlich zweijährig, weil von den vielen von mir eingezwingerten, nicht sehr in der Grösse verschiedenen, im Frühjahr 1855 gefundenen Larven ein Theil im Sommer desselben Jahrs, ein anderer erst im folgenden Jahre sich zu Käfern entwickelte. — C. (Hymenorus) Doublieri Muls. in vermulmtem Seeföhrenholz der Landes. (Perris.) — C. (Mycetochares) humeralis F. Im Juni zu Reutlingen an alten Schranken. (Herr A. Keller.) — C. (M.) barbata Latr. in alten Eichen, Buchen, Hainen. (v. Heyden.) — C. (M.) axillaris Payk. in altem Buchenholze. (Derselbe.) — Salpingus castaneus Pz. unter Föhrenrinde. (v. Heyden.) — Rhinosimus ruficollis Pz. Von der Alb, unter Ulmenrinde. Zu Hohenheim im Juni 1857 in Gesellschaft von Scolytus Ratzeburgii unter der Rinde einer abständigen Birke. Auch v. Heyden fand ihn unter Birkenrinde, doch auch unter der der Platane. — R. planirostris F. unter Rinde von Platane und in andern Bäumen. (v. Heyden.) — Dircaea tenuis Rosenh. zu Tübingen in altem Ulmenholze gefunden, 1839. — D. Vaudoueri Muls. in Edelkastanienholz. (v. Heyden.) — Melandrya caraboides F. auf Eichböcken und aus faulem Buchenholz erzogen und offenbar brütend wollend an einer anbrüchigen Stelle eines Ahorns. In Buchenstöcken und alten Edelkastanien. (v. Heyden). — Conopalpus testaceus Ol. Zu Hohenheim im Frühjahr 1847 aus einem dürren Hainenast, durch Herrn v. Heyden aus Buchen- und aus Eichenholz erzogen. — Pedilus (Scraptia) fusculus Müll. An alten Eichen und Hainen. (v. Heyden). — Anthicus oculatus Gyll. an Eichenholz und boleti Marsh. unter Baumrinden. (v. Heyden.) — Pyrochroa coccinea L. lebt auch im faulen Tannenholze. Herr Koltz brachte sie aus Luxemburg im März 1856 vom Schwarzwald. Im darauffolgenden April entwickelte sich der Käfer. Ebenso im faulen Bast anbrüchiger Aspen und Birken. Im Mai 1876 zu Rohr wieder als Larve unter der Rinde eines am Boden liegenden Nussbaums. Nach v. Heyden auch unter Eichen- und Buchenrinde. — P. rubens L in fauler Syringa vulgaris L., Hohenheim 1865. — Nach Kirschbaum auch in Pappelstämmen. — Am 18. Mai 1868 ein solcher Käfer auf einer davon eilenden Meloë proscarabaeus sitzend, dem sie in der Mitte des Rückens durch die Ränder der Decken ein kleines Loch in den Leib gefressen hatte. Gleiche Beobachtung ein paar Tage zuvor von einem Studirenden gemacht. — Mordella subabdominalis F. auf einem faulen Buchenstock. Juni 1850. — M. atomaria F. Ende Mai bis Anfang Juli an alten Schranken. (Herr A. Keller.) — M. bigutata Gyll. in dürrem Waldholz und auf alten Weiden (v. Heyden.) — M. dorsalis F. aus anbrüchigem Holze von Cornus sanguinea erzogen. Hohenheim 1863. — M. lateralis Ol. in dürren Waldhölzern. (v. Heyden.) — M. melanostoma Costa aus Buchenholz. (v. Heyden.) — M. obscura Mrsh. in faulem Edelkastanienholz stehender Stämme. Grand-Jouan, April 1844 ausgekrochen. — M. ruficollis F. und subtestacea Steph. in dürrem Waldholze. (v. Heyden.) — Nacerdes melanura L. mit Mesites aquitanus in Seeföhrenholze das vom Meerwasser bespült worden. (Perris.) — Xanthochroa carniolica Gistl. in rindelosen faulen Seeföhrenstöcken (Perris.)

Oedemera coerulea L. Nach Heeger, Sitzungsbericht der Wiener Akademie XI, S. 932, und v. Heyden in unregelmässigen flachen Gängen als Larve im abgestorbenen Buchenholze.

Rüsselkäfer.

Bruchus cisti Payk. (villosus F.) in den Samen von Spartium scoparium L. und Cytisus sessilifolius L. gemein Hohenheim. Ausser ihm in der Besenpfrieme der etwas grössere Br. canus Germ. und nach v. Heyden Br. pubescens Germ.

Anthribus varius F. Schon im Jahr 1842 wurde zu Hohenheim die interessante Lebensweise dieses Käfers in den zahlreichen Coccus racemosus an Fichtenpflanzen beobachtet, welche eben wegen ihrer Anzahl die Aufmerksamkeit des damaligen Herrn Oberförsters Brecht, jetzt Forstdirektors, auf sich gezogen hatten. Die zu jener Zeit aus den grossen vollkommen ausgehöhlten Schildläusen hervorgegangenen grossen Exemplare von

A. varius schickte ich an Ratzeburg. — Die Fichtenschildläuse des Jahrs 1855, von alten Bäumen herrührend, waren dagegen so klein, dass die daraus entstandenen Anthribus Zwerge genannt zu werden verdienten. Sie waren zum Theil nur 2,1 mm lang und 1 mm breit und ihre Zeichnung so verwischt, dass man sie hätte für eine kleinere Art halten können. Am 4. April 1856 fand sich im Zwinger neben todten Exemplaren und, wie immer, vielen Ichneumonen noch ein lebender Käfer. Ganz dasselbe im Februar 1870. Offenbar überwintert also der fertige Käfer, um im Frühjahr nach seiner Entstehung zu brüten. — A. scabrosus F. als Schmarotzer auch in der Schildlaus der Haine, Coccus carpini. (v. Heyden.) — A. albirostris Hb. nach Herrn A. Keller in Mehrzahl auf Buchenstöcken der Alb, nach Bötger (v. Heyden.) unter Buchenrinde. — A. albinus L. in Anzahl auf faulen Stöcken von Buchen- und Bergahorn (pseudoplatanus), worin er ohne Zweifel brütet. Kreuth in Tirol, Ende Juni 1850. — A. latirostris F. auf faulen Buchenstöcken, zu gleicher Jahreszeit und an demselben Ort in Tirol. Ebenso im Jahr 1872 auf der Alb. — A. niveirostris F. an alten Weiden und unter Buchenrinde. (v. Heyden.)

Apoderes coryli Ol. erscheint ziemlich spät im Jahre. Nach Mitte Mai findet man gewöhnlich die ersten Käfer; nur in frühen Jahrgängen erscheinen einzelne schon Ende April. Der Käfer wickelt und frisst auch auf Alnus incana und auf Birke. Beim Wickeln kerbt er den Blattnerv viel sparsamer als der folgende. Beim Waiden schabt er nicht wie betuleti, sondern frisst Löcher in das Blatt.

A. curculionoides F. fällt in Schwaben jedem Forstmann auf, denn er ist in der Regel viel häufiger als coryli, und öfters bis in den August auf jungen Eichennieder- oder Mittelwaldschlägen, im Busket auch auf Zerreichen so gemein dass manchmal an einem Stocke fast kein Blatt ungewickelt bleibt. Seine Wickel haben kaum ½ der Länge derjenigen von coryli und sind fester gebaut. Die Hauptrippe am Wickel zeigt eine Reihe feiner Kerben. Am 9. Juli 1855 traf ich ihn auch an den Blättern der Edelkastanie in Arbeit. Selbst auf Mannshöhe hingen Wickel an den etwas im Schatten stehenden Trieben. Eier viel kleiner als bei coryli, mehr blassgelb als roth.

Rhynchites betulae Hb. in dem schönen Frühjahr 1862 schon am 3. April auf dem jungen Birkenlaub. — Ausser auf diesem häufig die Blätter an Erle, Haine und Buche befressend und wickelnd, meistens zu gleicher Zeit mit betuleti. Auf Hasel rollt er zuweilen fast handbreite Blätter. Das Ei wird in der That gewöhnlich in eine Tasche am zugespitzten Seitenzipfel des herabhängenden Lappens gelegt. An einer trocknen Stelle auf der Alb sah ich von ihm dermassen zugerichtete junge Buchenstockausschläge, dass diese sichtlich darunter Noth litten. Juni 1849.

R. betuleti F. Nachfolgend einige Ergänzungen der anderweitigen Beschreibung[1] des Insekts: Der Käfer erscheint zuweilen schon im April. Unter den Weiden sind es vorzugsweise Salix caprea und viminalis, auf denen er sich gern aufhält. Nach Kirschbaum (v. Heyden) im September auch auf Rosen. Am 12. Juli 1879 fand ich einige schöne Büsche von Salix viminalis mit kräftigen Jahresausschlägen an denen grossentheils handlange oder noch längere Gipfel herabhingen. Sie erfanden sich angezapft durch einen Ring, mehrmals durch zwei Ringe von etwa ein Dutzend Bohrlöchern oder auch durch einen von oben herab geführten, die Hälfte trennenden Querschnitt. In einem der dickern Gipfelabschnitte fand sich ein trübweisses ovales Ei, in einem der durch zwei Ringpunktirungen entstandenen Zwischenstücke eine Larve mit dickem Kopf und Schwanzgäbelchen oder -spitze, welche etwa an eine Buprestiduslarve erinnerte, vor der Untersuchung zu Haus aber von einem Carabus im Glasfläschchen gefressen wurde. Beim Abklopfen des Weidenbusches fand sich ein Betuletiweibchen. Ich vermuthe daher dass ein solches die Ringpunkte gemacht und in Verzweiflung über die ihm seit Wochen die Wickelarbeit vereitelnden alle paar Stunden wiederkehrenden Regen seine Eier in den welken Schoss selbst schob. Gewöhnlich fand sich nichts in den abgestochenen Schosse. Aehnliches scheint ja auch der verwandte Bacchus zu treiben. — Auf der Alb Ende Juni 1879 wieder ein Himbeer[oder Brombeer?]blatt wickelnd, wobei ein Blättchen um das andere abgestochen, weil das Blatt schon zu gross gewesen, um auf einmal behandelt zu werden. — In Tirol und auf der Alb rollt der Käfer auch auf Mehlbaum (Pyrus aria). Hier ausserdem auf Birken, Ulmen (1878) und Kirschbäumen (Mai 1876). Bei schlechtem kalten

Regenwetter kriecht er gern zwischen die oben oder unten am Winkel offen stehenden Blätter (6. Mai 1876). Auch das Laub von Jungfernrebe fressend (Genf, August 1875). — Im Juni 1877 bei sehr schlechtem Wetter musste einem Käfer das Geschäft nicht gut von Statten gegangen sein. Er rollte auf einer Sale ein Blatt um den harten Zweig. — R. auratus Scop. von Herrn Forstrath H. Fischbach im Juli 1871 und 1872 in Menge auf Schlehen zu Steinenberg im Remsthal gefunden. Der Käfer war mit Anstechen der jungen Schlehen beschäftigt. Mehrere Exemplare hatten den Rüssel bis an die Augen in die Früchte versenkt. Im letztgenannten Jahre mit dem Käfer gesammelte Schlehen zeigten zwar Spuren des Angestochenwordenseins, enthielten jedoch keine Eier. — Auch nach v. Heyden an jungen Früchten der Schlehe. — R. Bacchus L. durch v. Heyden ebenfalls auf Schlehen, durch Kirschbaum auf Weissdorn und Apfelblüte gefunden. R. cupreus L. zeigt auch eine Varietät mit grünem Deckenschimmer. Kirchheim. — R. pubescens F. Zu Hohenheim im Mai in Menge an jungen Eichenschossen und deren Blättern, sonst auch solche von Hasel schabend. — R. aeneovirens Mrsh. (obscurus Mgl.) brütet auf eine der Brut seiner Verwandten analoge Art. Ich fand ihn am 25. April 1856 an einer kaum in der Entwicklung begriffenen Seitenknospe eines Eichenausschlags. Mehrere mit seinem Rüssel gefertigte geschwärzte Löcher führten bis tief in die Knospe. Sein etwa $1/2$ mm langes trübweisses Ei lag in der Mitte eines der jungen weichen Blättchen. — Nach v. Heyden kommt er auch auf Salen vor. — R. conicus Ill. Nach v. Heyden ausser auf Birnbäumen und Schlehen auch auf Vogelbeer und Eichen. — Rh. pauxillus Grm. Zu Hohenheim häufig im Mai und Juni paarweis an jungen Schossen von Apfelbaum, Quitte und Haberschlehe brütend. — Rh. germanicus Hb. Nicht selten dahier im Mai und Juni junge Schosse verschiedener Holzgewächse abschneidend. So z. B. an Birke, Haine und Eiche. Selbst an dicke junge Triebe von Rosa canina wagt sich der kleine Käfer. An Brombeeren zerschneidet er den Schoss das  eine Mal in halbzoll-lange Glieder (Mai 1865), das andere Mal erhalten diese Zolllänge (Juli 1871). In jedes Schossglied wird vor dem Abstechen ein Ei geschoben. Am 14. Juni 1859 fand ich ihn im Schönbuch auf einem Birkenzweigchen, das er durch Löcher geringelt hatte. Es mag daher ebenfalls germanicus gewesen sein, von dem ein am 2. Juni 1866 von mir gefundener ebenfalls durch einen Rhynchites geringelter welk gemachter kleinlingerlanger Stieleichenschoss (Figur) herrührte.

Rhynchites nanus Payk. (planirostris F.) findet sich auf jungen Birkenausschlägen, wo er Schösschen oder Blattstiele abstechen mag. Rh. populi L. ist im Juni auf Aspengebüsch leicht zu beobachten, wie er nach Art seiner Verwandten ein oder zwei Blätter zum Wickel rollt. Solche zuweilen auch auf Silberpappel (Mai 1859). — Selbst auf Buchen glaube ich im Mai schwache, wie von Rhynchites conicus abgestochene Zweigchen bemerkt zu haben. Der Thäter wäre jedoch erst näher zu ermitteln.

Apion onopordi Kirb. unter der Rinde der Besenpfrieme, 1855. — A. fuscirostre F. nach Forst- und Jagdzeitung 1853 S. 2920 und von Heyden mit Bruchus cisti in den Schoten von Spartium scoparium. — Rhamphus flavicornis Clairv. im Mai zu Hohenheim auf jungen Birkenschossen. Nach v. Heyden Minirer der Blätter von Kirsche, Schlehe, Birn- und Apfelbaum, Birke, Sale und Pappel. Ende April der Käfer. — Rhinomacer attelaboides F. in Menge im Mai sich aus Blüten der Seeföhre (Pinus pinaster) entwickelnd. Bretagne. Perris zu Mont de Marsan dagegen lässt die Larve ihre letzten Verwandlungen in Boden bestehn.

Magdalinus violaceus L. auch auf der Seeföhre gemein und auf Weymouthsföhre. Zu Zang Anfangs Juli 1868 mehrere Käfer auf saftigen Birkenblättern schabend. Bekanntlich in der Regel nur in schwachen, jungen, doch manchmal auch in starken Fichten brütend. So im Stamm einer sehr starken im Mai 1858 in der Wiege gefunden. — M. aterrimus L. durch v. Heyden und andere auf Ulmen gesammelt. — M. barbicornis Latr., ohne Zweifel in hiesigen Garten in Mespilus pyracantha, in deren Belaubung sie so zahlreich Mispel bewohnt. — M. carbonarius F. brütet in den Landes nach Perris im Mai und Juni in daumendicken Seeföhrenzweigen. Larve im Mark, oft 30^z weit fressend. Verwandlung im Winter in schiefer Holzwiege. Bei uns ohne Zweifel in gemeiner und Schwarzföhre mit derselben Lebensweise. Man findet ihn oft in grosser Menge im Mai auf den Schossen dieser Holzarten sitzend. — M. cerasi L. im Taunus auf Eichen. Zu Frankfurt im Holzstalle, wo nur Buchenholz. (v. Heyden.) — M. duplicatus Grm. aus Föhrenzweigen mit Lichtensteinii erzogen. Stuttgart. — M. flavicornis Schh. im Taunus auf Pflaumenbäumen. (v. Heyden.) — M. frontalis Gyll. auf kranken jungen Föhren. M. linearis Gyll. und M. phlegmaticus Hb. nach

v. Heyden auf Föhren. M. nitidus Gyll. aus der Rinde einer starken Fichte erzogen. Hohenheim, Juni 1858. M. pruni L. gepaart und Blätter schabend auf Vogelbeer. Hohenheim, Mai 1870.

Curculio (Polydrosus) iris Ol. Durch Befressen von Knospen und Blättern oft sehr schädlich an jungen Eichen. (v. Heyden.)

C. (Pol.) mollis Gr. schadet den jungen Föhren in der Art dass er an den krautigen Trieben in der Nähe des Gipfels, d. h. da wo die zwei Nadeln noch in der Scheide stecken, Scheide und Nadeln bis auf eine Faser durchfrisst, so dass die Nadeln daran herabhängen. Juni 1841. In Gesellschaft von atomarius auch sehr gern auf Weymouthsföhre. Hohenheim, Anfang Juni 1858. C. (Pol.) splendidus Hellw. in Gesellschaft eines zwischen Curc. coryli und obesus stehenden Rüsselkäfers Pfropflinge von Eichen beschädigend. Hohenheim, Mai 1861. C. (Pol.) mali F. gemein auch auf Salix aurita L. C. (Pol) micans F. ganz gemein auf Birke und Hasel. C. (Pol.) sericeus Gyll. häufig auf Hasel. C. (Phyllobius) oblongus L. selbst auf Acer dasycarpum. C. (Ph.) vespertinus F. auf kanadischer Pappel. C. (Ph.) arborator Hb. in Menge auf Birke und Hasel unsrer schwäbischen Alb (24. Juni 1870). C. (Ph.) pyri L. ausser auf der Erle, wo er gemein ist, auf Ulme, Birke, Hasel, Ahorn und Rosskastanie, besonders am Rande der Blätter hieroglyphische Einschnitte ausfressend.

Curculio (Scythropus) mustela Hb. im Frühling häufig auf Föhren. (v. Heyden.)

C. (Omias) brunnipes Ol. Manchmal in ausserordentlicher Menge im Walde. So, allerdings theilweis ertrunken, am 9. Juni 1856 auf dem Wasser der Gräben einer hiesigen Fichtenpflanzung. Ein andrer Theil lief auf den trockenen Stellen der Gräben, hineingefallene Fichtenschösschen benagend. Er und einige andere Rüsselkäfer befressen ferner empfindlich die eben sich entfaltenden Ausschlagsknospen frisch gehauener Eichenniederwälder. Der Käfer hält sich im Umfang der Stöcke oft so tief am Boden, unter Laub u. dgl. auf, dass man ihn im ersten Augenblicke schwer entdeckt (Ende Mai 1844, Bretagne). Auch den Sommer über fand ich ihn in Menge unter dem Laube selbst achtjähriger Eichen- und Kastanienniederwaldschläge. Im Jahr 1839 schadete er in empfindlichem Grad einer jungen Pflanzung von Föhren durch Anstechen der jungen eben austreibenden Schosse. Und durch den ganzen Mai und bis in den Juni hinein befrass er, so weit sie ihm zugänglich waren, die Kotyledonen langsam keimender Eicheln. Moosdecke diente ihm dabei als erwünschter Schlupfwinkel. Im Protokoll über die achte Versammlung der Forstwirthe aus Thüringen S. 22 findet sich eine ähnliche Beschwerde über den ganz verwandten Omias forticornis Schh., welcher fast eine ganze Buchelsaat zerstörte.

C. (O.) montanus Chevr. Anfangs Juli 1851 von Herrn Groner an einer liegenden geschälten Weisstanne gefunden. C. (Peritelus) griseus Germ. trat schon als Beschädiger von Zedernpflanzungen auf. S. Annales forestières Juill. 1847. Er oder ein Verwandter dürfte es gewesen sein von dem ich am 30. April 1859 ausgehöhlte Knospen an Vitis vulpina L. fand.

C. (Otiorhynchus) ater Hb. Meine früher in der entomologischen Zeitung gelieferte Notiz muss zurückgenommen werden. Der Käfer ist ohne allen Vergleich häufiger im Gebirg als in der Ebene. Ganz auffallend ist überhaupt die Masse Otiorhynchen: ater, tenebricosus Rtz., gemmatus F., squamiger Duft., geniculatus Grm., scabripennis Schh. und noch anderer, welche man im Juni in Tirol an den eben austreibenden, noch ganz weichen Fichtenschossen und besonders auch an den zarten Schossen von Berberitzen fressend findet.

C. (O.) ovatus L. hat sich im Juli 1853 im Revier Elchingen bei Neresheim durch einen erheblichen Schaden bemerklich gemacht, worüber ich die nähern Nachrichten einem meiner Zuhörer, Herrn Linder, verdanke. Im Frühjahr 1853, zur Zeit des Pflanzenaushebens in den Saatschulen, wurde ein Zurückbleiben der Triebe und kümmerliches gelbes Aussehen der etwa vierjährigen Fichtenpflanzen bemerkt. Beim Nachgraben im Boden zeigten sich zahlreiche Larven, welche etwa nach Art des Engerlings die Wurzeln der jungen Fichten fast bis zur Erdoberfläche geschält und benagt hatten. Nach Hause genommen und in der Erde aufbewahrt verwandelten sie sich im Juli zum vollkommenen O. ovatus. Zur gleichen Zeit bemerkte man die Käfer in Menge in der Pflanzschule an den Fichtenpflanzen. Sie warfen sich in verheerender Weise auf die von den

Larven verschonten oder nicht gänzlich zu Grunde gerichteten Pflanzen und nagten daran unmittelbar über dem Boden die Rinde stellenweis ab, etwa wie Curculio pini, so dass sie gelb wurden und abstanden. Man beobachtete, dass sie besonders gern die weniger gedrängt stehenden Pflänzlinge befielen. Nur etwa ein Viertel der nach der Larvenverwüstung noch übrigen Pflanzen liessen sie verschont. Man suchte den Käfer zuerst durch ausgelegte Reisigbüschel und saftige Schwarten von Fichtenrinde anzulocken und zu vernichten. Allein obgleich man sehr zahlreiche Käfer auf diese Weise fing, stand der Erfolg doch nicht im Verhältnisse zur aufgewendeten Mühe. Da aber unterdessen bemerkt worden, dass sie nur bei Nacht frassen und bei Tag in den Rissen des thonreichen Bodens versteckt blieben, legte man in die Riefenzwischenräume quadratschuhgrosse Moosdecken, unter denen sich wirklich der Käfer den Tag über aufhielt und am Morgen selbst handvollweis, im Ganzen zu vielen Tausenden vertilgt werden konnte. Man wurde durch dieses Mittel und das Zusammenlesenlassen durch Kinder den Tag über, in beiläufig 14 Tagen vollkommen Meister. Seither zeigte sich das Insekt nicht mehr. — Derselbe Käfer nach Herrn Mayr in den Sommern 1858 und 1859 nicht blos an jungen Fichtenpflanzen, sondern auch im angehend haubaren Wald im Juni und Juli die jungen saftigen Fichten- und Weisstannentriebe benagend, so dass sie rothe Nadeln bekamen und der Wald wie angebrannt aussah.

C. (Hylobius) abietis L. (pini Ratz.) frisst an jungen Lärchen wie an andern Nadelhölzern fleckenweise die Rinde ab. Er scheint zugleich gern die Nadelbüschel durchzubeissen und das Herz des Schosses herauszufressen (Mai). Am 11. Juli 1857 sah ich ihn im Sillenbucher Wald ein Birkenblatt abstechen, am 4. Juni 1862 im hiesigen Oberwald eine Erdbeere verspeisen. Mehrmals brütete er hier in Weymouthsföhren (Fangbäumen). Im Mai 1863 schadete er im hiesigen Revier empfindlich durch Ausfressen der oben treiben wollenden regelmässigen und schlafenden Knospen (ohne Zweifel an Nadelholzpflanzen). — Man kann ihn auch leicht an schattigen Orten mit der weichen Bastseite gegen das Gras gelegter Fichtenrindenstücke anlocken. Jeden Tag, Ende Juni, fand ich zu Krenth an einem solchen Rindelappen eine Partie Käfer welche die weiche Bast- und Kambiummasse stellenweise abgenagt hatten. Auch durch die weiche Rinde von Wurzeln wird er leicht angelockt, wie man ihn daran in Stocklöchern oft fressen sieht. Indessen vertrocknet dieselbe zu rasch. Nicht sehr entfernt von hier, zu Laupheim, hat sich der Käfer durch fühlbare Beschädigung von Eichen- und Birkenpflanzen, und zu Weil im Schönbuch von Apfelbäumchen in den Baumschulen berüchtigt gemacht.

C. (Pissodes) notatus Hb. lebt bekanntlich in der Regel auf Föhren und zwar ohne Zweifel auf allen Arten, z. B. häufig auf der Seeföhre (Pinus pinaster), auch nach Herrn Mathieu auf Pinus laricio. Ferner beklagt sich Marcellin Vétillard (Mémoires de la Société d'Agric. Année 1855) sehr über den durch den Käfer an Weymouthsföhre angerichteten Schaden, indem ganze Saatschulen durch ihn zerstört werden könnten. Er beschreibt die Art wie der Käfer haust, ungefähr wie Ratzeburg. Der Käfer greift, sagt er, die jungen Triebe zur Saftzeit an, eine grosse Anzahl kleiner Löcher einstechend, durch die er den Saft einsaugt. Dieser fliesst durch die Löcher aus, die Rinde blättig sich [?], löst sich ab und der Zweig geht zu Grunde. Die vielen Stiche von notatus an den Zweigen der Seeföhre sah ich zu Bordeaux im September 1855. — Ich klopfte notatus auch schon paarweise im Juni von Lärchen und erzog zwei Käfer aus dem dürrgewordenen Gipfel einer im Winter vorher gesetzten Lärchenpflanze. Am 22. Juni 1844 lagen zwei Käfer schon fertig in den Wiegen. Sie waren ohne Zweifel wegen der sparsamen Nahrung welche der dürre Gipfel darbot, viel kleiner als die gewöhnlichen Exemplare (Bretagne). — Ein ander Mal traf ich einen an einer jungen Fichte nagenden notatus und am 17. August 1842 nahm ich einen fertigen Käfer lebend aus seiner Splintwiege in einem Fichtenpfosten; endlich fand ich ihn in abgestorbenen Fichtenpflanzen. — Die verschiedenen Formen welche die Splintwiege annimmt, je nachdem der Käfer in schwächerem oder dünnerem Holz arbeitet, siehe bei Perris S. 343. Nach diesem brüten die Käfer in den Landes von Ende Juli bis Oktober und ein Theil derselben verschiebt die Brut bis zum nächsten Frühling. Daher bald einfache Generation, bald drei Generationen in zwei Jahren.

C. (Phyll.) pineti F. gilt als Bewohner der Lärche. Ich fand ihn jedoch wiederholt in Tirol zu Krenth, wo Lärchen fehlen.

C. (P.) pini L. (abietis Ratz.) frisst an zwei- bis dreifingerdicken Gipfeln und Aesten gefällter Föhrenstämme mehr oder weniger grosse Rindeplatten weg und bohrt da und dort mit dem Rüssel punktirend ein feines Loch. Da ich in vielen solcher von mir untersuchten Stiche keine Eier fand, muss ich annehmen, sie werden gemacht um den weichen Bast oder das Kambium zu gewinnen, oder um den etwa für Bruten geeigneten Zustand der Rinde zu untersuchen. Kreuth, Juni 1850.

C. (P.) piceae Ill. Im Mai 1847 und im Mai 1856 in einzelnen Exemplaren von jungen Föhren geklopft. Sollte der Käfer auch manchmal diese Holzart angehen? Ende Juni 1846 fand ich Puppen des Insekts im Tannenklafterholz, in Splintwiegen. Diese schienen von der Generation des Jahres zu sein.

Ich habe vielfältige Beweise dafür dass der Käfer an stärkern Holztrümmern nicht blos einzelne Eier, sondern viele, bis zu vierzehn oder noch mehr, in eine Rinderitze oder in ein Bohrloch legt, so dass nachher die jungen Lärvchen fächerförmig aus einander laufende Gängchen fressen. Auch er scheint den Rüssel häufig in die weichen Zellgewebsstellen an der Schwarte schwächerer Stämme einzubohren.

C. (P.) hercyniae Ill. Von Tirol, durch Vorarlberg, bis Feldkirch in todten Fichtenstangen von mir gefunden, in Oberschwaben von Riegel. Meine Käfer kamen wie diejenigen Herrn Saxesen's im August aus den Wiegen. 1850. — Zu Ergänzungen der Lebensweise des Kerfes gaben Anlass die Beobachtungen am Harz in den Jahren 1857,59. [1]

C. (Trachodes) hispidus L. 28. Juni 1856 auf einem liegenden Birkenstamm.

C. (Brachyonyx) indigena Hb. ist nicht blos im Norden, sondern auch im Südwesten Deutschlands ziemlich häufig. Wenigstens klopft man ihn vielfach von Föhrengebüsche. Dagegen bemerkt man selten seine Brutstellen in den Nadelscheiden. Obgleich früher schon Hunderte von gelb gewordenen Nadelpaaren trennend, fand ich seine Brut nur einige Mal, denn er geht wie andere Kerfe nur an kränkliches Holz auf schlechtem Boden und ist in die Klasse der unbedeutenden zu setzen.

Curculio (Dorytomus) vorax F. von Mai bis August auf Pappeln. Auf derselben Holzart filirostris Schh. und costirostris Schh. (v. Heyden.) — C. (D.) taeniatus F. in den männlichen Kätzchen der Sale. (v. Heyden.) — C. (D.) majalis Payk. in den Knospen von Salix cinerea und caprea. Auf letzterer auch D. punctator Hb. (v. Heyden.) — C. (Erirhynus) agnatus Schönh. Bei der hier zu Land auf Anfang Mai fallenden Blüte von Salix purpurea und Verwandten bemerkt man in einzelnen Jahren zahlreiche Kätzchen welche von der Spitze bis zur Hälfte oder zwei Drittel der Länge unentwickelt bleiben und innerlich von einer Rüsselkäferlarve ausgehöhlt sind. Die bewohnten Kätzchen fallen mit den andern ab. Am Boden frisst die Larve darin weiter. Am Ende scheint sie sich im Boden zu verpuppen. Ende Mai und im Juni kommt der genannte Käfer zum Vorschein. (1874.) — C. (D.) scantens L. in Menge in den Kätzchen von Silberpappel zu Stuttgart. (Hr. Dr. Hofmann.) — C. (D.) variegatus Schh. ein Loch in einen jungen Aspenschoss fressend. Hohenheim. Mai 1859.

C. (Anthonomus) pomorum L. durch v. Heyden auch von Schlehen und Vogelbeer geklopft.

C. (A.) druparum L. Hier zu Hohenheim in den Kernen der Traubenkirsche in einzelnen Jahren sehr gemein. Nach v. Heyden auf Kirschbäumen, zumal dem wilden und dem Sauerkirschbaum. Vermuthlich derselbe der die jungen Kirschchen herabschneidet.

C. Ulmi Deg. nach v. Heyden auf Ulmen.

Curculio (Anthonomus) varians Payk. (melanocephalus F.) auf der Ulmer Alb im Juni 1875 auf Föhren, wie seiner Zeit (Juli 1850) in Menge auf derselben Holzart im Innthale. — C. (Balaninus) elephas Schh. und cinereus Desbr. zwei neuere Arten nach v. Heyden wie glandium auf Eichen lebend. — C. brassicae F. in Weidenblattgallen. (v. Heyden.) — C. (Anoplus) roboris Suffr. lebt auf Alnus incana, deren jüngste weiche Schosse er mit seiner Brut besetzt. Kirchheim, Mai 1854. Ebenso auf A. glutinosa bohrend. Hohenheim. Mai 1856, und wiederholt zur selben Jahreszeit auf Birken.

C. (Cryptorhynchus) lapathi L. findet sich, so wie bei Herrn Suffrian, häufig an ganz niederem Weidenkopfholze von 1 bis 2ᵐ Höhe, an den Ansatzstellen der Aeste oder an diesen selbst. — Ausserdem im Juni und Juli zu Hohenheim in Menge an Baumweiden und an kanadischen Pappeln. Im Schutz von Seitenästen hält er an Weiden stundenlang seinen Rüssel an derselben Stelle tief in die schwammige Lentizellenmasse versenkt. Die Larven des Kerfs hausen in der Nähe unter der Rinde. — Am 30. Juli 1859 fand ihn Herr Ober-

[1] Kritische Blätter. 34. Bd. II, S. 288, und 40. Bd. I, S. 260.

forstrath Hahn im Reviere Lauphcim, Ochsenhäuser Forsts, unter besonders interessanten Verhältnissen. In einem fünfjährigen, aus Laub- und Nadelholz gemengten Schlage waren die Spitzen der 2 bis 3^m hohen Birken, etwa 1^m unter der Spitze, abgebrochen und herabhängend, und zwar immer unten an dem Ansatze des Jahrestriebs von 1819. Einige Zoll unter dem Bruch ein mit Wurmmehl und Holzspänchen zugestopftes Bohrloch [altes Flugloch?], das im Holze fingerlang und sehr oft, aber nicht immer, bis ins Mark des Triebes fortlief. In jedem Gauge fand sich eine weissgelbliche Larve mit braunem Kopf, welche schon nach 8 bis 14 Tagen den Käfer lieferte. An den mir gefälligst mitgetheilten Holzexemplaren erscheint die mit Spänen ausgekleidete Wiege bald der Oberfläche nahe, bald in der Mitte des fingerdicken Schosses, so dass der junge Käfer sich, so dick er war, hinauszufressen hatte. Ich schliesse aus dem Ansehen der Stücke, dass der Käfer ohne Zweifel seine Eier in der Nähe der Zweigchen ablegte und die Larve, ehe sie gegen die Mitte rückte, in der Nachbarschaft des Zweigchens wählte. Herr Oberforstrath Hahn heisst die Beschädigung in jenem Schlag insofern umfangreich, als sie zwei Jahrestriebe zerstört habe.

Curculio (Acalles) pyrenaeus Schönh. im Schwarzwalde, Juni 1874, auf gefälltem Nadelholze. — C. (A.) hypocrita Schh. an Buchenstöcken. (v. Heyden.)

C. (Orchestes) fagi Gyll. hat, wenigstens in Schwaben, öfters noch frühere Entwicklung als Ratzeburg annimmt. Am 21. Mai 1842 waren die Larven in den Blättern schon eingesponnen, theilweise bereits zu Puppen geworden; am 30. Mai alle Käfer ausgeschlüpft. Im späten Jahre 1864 war am 13. Juni erst der grösste Theil ausgekrochen. Am 24. Juni 1870 fand ich das Käferchen auf den zarten Primordialblättchen der Buchenkeimlinge fressend.

L. v. Heyden lässt den Käfer auch Weidenblätter miniren und sich hieraus im September entwickeln.

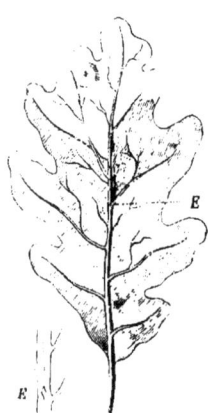

C. (O.) quercus L. gehört zwar nicht unter die merklich schädlichen Insekten, doch stets unter die dem Forstmann auffallenden. Er findet sich ohne Zweifel überall wo Eichen vorkommen und macht wohl keinen Unterschied zwischen den verschiedenen Arten sommergrüner Eichen (auf robur, pedunculata, cerris beobachtete ich ihn selbst). — Die Zahl der angegriffenen Blätter der Eiche ist häufig so bedeutend, dass der Baum ein gelb geschecktes Ansehn bekommt, zumal wo er unter dem lichten Schirme der Föhrenbestände steht. Der Käfer frisst, um seine Eier passend unterzubringen, kurz nach der Knospenentfaltung, ungefähr in der Mitte des Blatts, auf der Unterseite ein kahnförmiges Stückchen aus der Mittelrippe. In die Vertiefung wird ein Ei gelegt, das der Käfer wieder mit dem lanzettförmigen Stückchen bedeckt. Die sehr bald nachher ausschliefende Larve frisst eine Strecke weit im Hauptnerv fort, bald aber minirt sie, die bisherige Richtung verlassend, seitlich die Blattspreite, meist, wie in unsrer Figur zu sehen, in der Art dass die minirte Fläche schliesslich durch den Umfang des Blatts und ein Paar Hauptnerven begrenzt wird. Endlich treibt die Larve die ohnehin schon locker an einander liegenden Epidermisschichten der minirten Platte zu einer runden Blase auf. Hat sie sich darin verpuppt und zum vollkommenen Insekt umgewandelt, so frisst sie sich durch eine Oeffnung heraus. (Entwicklung des Käfers in der Bretagne Ende Juni 1843.) Gleich rasche Entwicklung mit sehr wenig Abweichungen nehmen die andern Arten Orchestes, wie z. B. O. ilicis Hb., von dem ich viele Exemplare aus Eichenblättern, jedoch blos 3 Stück auf 80 Stück quercus erzog.

Curculio (Orchestes) alni L. in der Bretagne, 1843, in Menge aus Ulmenblättern, ihrem nach Herrn C. v. Heyden einzigen Wohnort. L. v. Heyden gibt ihn jedoch zugleich auf Erlen an. — C. (O.) avellanae Don. auf Eichenausschlägen im Juni. — C. (O.) ilicis Hb. Hier im April und Mai nicht selten auf Birken- und Eichblättern, worin nach v. Heyden die Larve haust. — C. (O.) lonicerae Hb. auf Lonicera xylosteum. (v. Heyden.) — C. (O.) populi F. von Mai bis Herbst gemein auf Pappeln und Weiden, nach Heeger in doppelter Generation. — C. (O.) rusci Hb. im Mai auf jungem Birkenlaub. — C. (O.) salicis L. nach v. Heyden in den Blättern der Sale minirend. — C. (O.)

scutellaris F. im Juni 1842 zu Hohenheim im Juni 1843 zu Grand-Jouan aus Erlenblättern erzogen. — C. (O.) semirufus Gyll. (nach Herrn v. Heyden) im Anfang Juli zu Grand-Jouan aus minirten Birkenblättern entwickelt. — C. (O.) stigma Germ. häufig im April und Mai auf jungen Birkenblättern fressend; sonst nach v. Heyden nicht selten auf Weiden, deren Blätter er minirt. — C. (Cossonus) cylindricus Dj. in Masse als Käfer, Puppe und Larve im August 1873 im Stock einer Silberpappel des hiesigen Baskets. Die Larve und auch noch die Puppe zeigten zu beiden Seiten des Hinterleibs grauschwarze Punkte. Nach v. Heyden auch in Weiden. — C. linearis F. nach v. Heyden unter der Rinde und im Holze von Pappeln und Weiden, das ganze Jahr hindurch. — C. parallelepipedus Hb. nach v. Heyden an alten Eichen und Pappeln. — C. (Rhyncolus) crassirostris Dj. auch in der Seeföhre bei Bordeaux. — C. (Rh.) truncorum Gyll. in Menge nach allen Richtungen das weissfaule Innere von Buchen durchwühlend und bald sterbend, wenn er aus dem feuchten Holze genommen worden. Januar 1870. — C. (Rh.) punctulatus Schönh. im Juli 1868 in Menge als eben vollendeter Käfer im morschen Holz eines durch den Sturm abgebrochenen Astes von Acer dasycarpum. Erwachsene Larve fusslos, lebendig, unter Zuhülfenahme des Kopfes zur Noth fähig auf dem Bauche zu kriechen, doch immerhin eine gekrümmte auf der Seite liegende Larve. Mundtheile dunkelroth, Zahne schwarz, das dreieckige Schild über dem Mund, sowie ein senkrechter breiter Streifen über die Mitte jeder Stirnhälfte bräunlich gelb. Erster Ring glänzend glatt, aber ohne gefärbtes Nackenschild. Sieben Hinterleibsringe mit starken grauen durchscheinenden Stigmaten. In den Leibesringeinschnitten und auf der Stirn sparsam gelblich behaart. Körper weiss. — C. (Rh.) porcatus Germ. unter der Rinde der Gemein- und der Seeföhre (v. Heyden, Perris.) In der Seeföhre nach letzterem auch strangulatus Perr. — C. (Rh.) cylindrirostris Ol. nach v. Heyden an altem Buchen- und Aesculusholze. — C. (Mesites) aquitanus Fairm. im Seeföhrenholze, das von Meerwasser bespült worden. — C. (Dryophthorus) lymexylon F. lebt nach Herrn Professor Mathieu's Beobachtungen unter der Rinde der gemeinen Föhre (Elsass) und nach Perris zu Mont de Marsan in Seeföhre und Eiche. Ich fand ihn in sehr verworrenen Gängen in anbrüchigem Holz einer alten Edelkastanie. (Bretagne.) — v. Heyden gibt ihn in nassfaulen Holze auch von Weiden und Buchen an. — Frisst nach Perris, im Mai oder Juni, selbst in rindelosen Stämmen, tief in den Splint Loth- oder schiefe Gänge, von denen die wagrechten Larvengänge ausgehen. In demselben Holzstück in zahlreichen Generationen fortbrütend.

Xylophagi.

Hylesinus piniperda L. Findet sich in allen eigentlichen Föhrenarten. Er war im Loiret die Plage der verschiedenen Pinusgehölze (laricio, pinaster, sylvestris) Herrn Vilmorin's. Herr Forstdirektor v. Brecht, einst zu Hohenheim, traf ihn in Zweigen der Weymouthsföhre. Dort fand ich ihn später ebenfalls. Am 28. Februar 1846 fand man den Käfer bereits in zahllosen Gängen in Stöcken und auf gefälltem Holz, im Freien wie im Schatten des Waldes gleich häufig. Schon waren einige Eier zu finden. Im April 1865 sah ich einen piniperda an einem frischgefällten Föhrenklotz auf der Hirnseite vom Safte des Basts saufen. — Zu meiner grossen Verwunderung fand ich am 26. März 1846 in einem Fichtenfangbaum und nicht weit von Klötzen der Pinus strobus und sylvestris einen Muttergang von Hylesinus piniperda. Der Gang, am Ende des Stammes, war kurz, enthielt aber zwei lebende Käfer und Eierstellen, worin ich Eier fand. Leider versäumte ich den Gang zu schonen und die weitere Entwicklung der Brut zu beobachten. Seither ist er vielfaltig in Fichten gefunden worden, wie z. B. in Kritische Blätter 51. Bd. I. S. 262, und 52, Bd. II, S. 230 geschildert, und sah ich seine Gänge mit todten Käfern wieder in Fichtenzaunstangen zu St. Johann, April 1870. — In dem milderen Klima der Bretagne findet man Käfer in den Zweigen zu jeder Jahreszeit, selbst mitten im Winter und noch im März. Am 22. Juni 1844 waren die im Frühjahr desselben Jahrs in frischgefälltem Seeföhrenholz abgelegten Bruten fertig und ein Theil der jungen Käfer schon ausgeflogen. Die dortigen Käfer sind von grösserer Statur als die hiesigen. Perris zufolge verlässt der Käfer in den Landes sein gewöhnliches Winterquartier, den Wurzelhals starker Föhren (Rinderisse und Splint), von Januar ab nach den ersten schönen Frühlingstagen und befasst sich alsbald mit dem Brutgeschäft. Man findet in den Muttergängen immer nur ein Paar und selten ist ein Weibchen allein. Dort wie bei uns Ausfliegen der jungen Käfer gewöhnlich im Laufe Juni oder Anfangs Juli, manchmal freilich in besonders milden Frühjahren vollständige Reife schon im April.

Auch in der Seeföhre die jungen Käfer im Nachsommer in den jüngsten Schossen, zuweilen zwei in demselben über einander und ihre Gänge getrennt haltend. Nach dem genannten Gewährsmann findet man nach milden Wintern nicht selten zahlreiche von piniperda frisch bezogene Schosse, so dass es scheint der Käfer denke dort häufig vor der Brut an die Befriedigung seines Hungers. Auch dortige Entwicklung im Jahre nur einfach, trotz der in den Landes für weitere Bruten so günstigen Verhältnisse.

H. minor Hart. Auch bei uns in Schwaben ist minor zu Hause, jedoch nur gegendenweise. Revierförster Riegel fand ihn im Ellwanger Wald und im Schwarzwald nicht selten, zu Hofstett im September 1851 noch zahlreich als weichdeckigen Käfer in seinen Splintwiegen. Zu Wildbad hatte er ihn schon früher in der Legföhre getroffen. An den Gängen des Käfers, die ich im Jahr 1878 im Schwarzwald in Föhren antraf, fielen dem Auge die vielen kleinen Luftlöcher auf, welche den Verlauf der doppelarmigen Wagegänge schon von aussen verriethen. — Zu La Teste bei Bordeaux, September 1855, seine Brutgänge, neben denen von Bostrichus cinereus und pusillus, von der gewöhnlichen Form in grösster Menge in der Seeföhre (Pinus pinaster). Kein einziger Käfer mehr am Leben, trotzdem die Stämme erst im Mai gefällt und frühestens Ende Mai von ihm bebrütet worden waren. Nach Perris, in derselben Gegend, findet er sich gemeiniglich nicht vor April, nur ausnahmsweise selbst im Februar. Er geht lieber stehende als liegende und vorzüglich fünfzehn- bis dreissigjährige Seeföhren an. Die Form der Gänge des Käfers bringt es mit sich dass die Rinde der von ihm befallenen Bäume nur stückweise, nicht in grossen Lappen sich ablöst. Die jungen Käfer trifft man wie piniperda, nur etwas später im Jahr in den Seeföhrenschossen. In neuerer Zeit ist der Käfer wiederholt auch in Fichten brütend gefunden worden. [1]

H. micans Kug. Im Jahr 1840 in den von der Nonne entnadelten, noch auf dem Stock befindlichen Fichtenstämmen des Altdorfer Waldes gefunden. Ausserdem von Herrn Oberforstrath Hahn aus dem Schwarzwald, angeblich aus Tannen, erhalten. Riegel bezweifelt die Richtigkeit dieser Angabe. Er hat ihn stets nur an Harzfichten in der Nähe der Lachen oder an angefahrenen Fichtenwurzeln gefunden, wo man ihn manchmal auch hier trifft. Entwicklung nach Riegel unregelmässig. Man findet den Kerf im Herbst in allen Entwicklungsstadien. Nach v. Heyden wurde er am Fuchstanz im Taunus an Föhren gefangen. Hier wohl nur zufällig, denn auch ich kenne ihn nur an Fichten und in der Regel an deren flachstreichenden verletzter Wurzeln.

H. ligniperda Hb. im Oktober 1845 bei Toulon in Pinus halepensis M. Nach Perris hauptsächlich nur am Fusse kranker Seeföhren und in Stöcken gefällter, worin ihn auch das aus seinen Gängen fliessende reichliche Harz nicht sonderlich belästigt. Buchtige, loth- und noch häufiger schiefe Muttergänge, von denen unregelmässig und sich vielfach durchkreuzend die in den Bast nicht eingreifenden Larvengänge ausgehen. Verwandlung meist im Bast oder gar in der rauhen Borke. Im Mai erscheinend und letzte Junge im Juli, daher nur einfache Generation. Begattung im Brutgang in der Art dass das Männchen und Weibchen sich einander rückwärts nähern, was Perris bestimmt anzunehmen dass dies die bei Bostrichus und Hylesinus gewöhnliche Prozedur sei.

H. ater Payk. in der Seeföhre, in Wage- oder schiefen Gängen, wenn das Weibchen allein arbeitet. Dagegen in Folge Zusammenhausens mehrerer Weibchen die Gänge unregelmässig und verworren. Nur eine und zwar eine frühe Generation. (Perris.)

H. palliatus Gyll. Auch in Gängen unter der Rinde von Pinus strobus und in Seeföhre, wo er von Perris geschildert wird als früh brütend und daher als junger Käfer theilweise schon Ende Mai, spätestens Aufangs Juli ausfliegend und von einfacher Generation. Am 9. Mai 1870 fand ich in den Gängen von palliatus

gruppenweise gelegte Eier die mich an diejenigen von B. laricis (S. 29) erinnerten. Es herrschte damals kalte Witterung und es schien dass die Eiergruppen nur in die kälteren Gangtheile abgesetzt wären. Vielleicht dass hierin ein Theil der Erklärung der sonderbaren Abweichung liegt und man annehmen darf der Käfer lege seine Eier in Gruppen nur wenn ihn unfreundliche Witterung an Pflege jedes einzelnen Eies hindert.

Hylesinus pilosus Kn. Zwar meines Wissens in Württemberg bis jetzt noch nicht bemerkt, aber doch ohne Zweifel in Oberschwaben zu Haus. Am Ende Juli 1850 zu Kreuth,

---

[1] Monatsschrift für Forst- und Jagdwesen 1867 und 1868, und Kritische Blätter 51, Bd. I, Heft, S. 262 und 52, Bd. II, Heft, S. 230.

in Fichten. Dicht an dem Eingangsbohrloch der Muttergänge fand sich öfters ein kleiner Höcker. Zwei, drei, auch vier Käfer in einem Gange. Rammelkammer ziemlich klein. Die Gänge fast immer zweiarmige Wagegänge, wovon die eine Hälfte allerdings häufig kurz.

H. spartii Nördl. In mehreren Gegenden Deutschlands und Frankreichs, insbesondere auch dem Schwarzwald und Odenwalde findet sich im Stamme der Besenpfrieme eine kleine Borkenkäferart die ich im Jahrgang 1847, S. 217 der württembergischen naturwissenschaftlichen Jahreshefte beschrieben habe. Das vollkommene Insekt hat im Habitus viele Aehnlichkeit mit Phloeotribus oleae; nur ist natürlich der Bau seiner Fühler wie bei andern Hylesinen. Unter unsern inländischen Arten steht ihm H. minimus am nächsten. Doch ist spartii merklich gedrungener, auch im Durchschnitt etwas grösser; man bemerkt übrigens in der Grösse der Individuen bedeutende Abweichungen. — Eins der Geschlechter hat auf der Stirn eine ziemlich starke Vertiefung. Die Augen sind lang und viel schmäler, der Mund durch viel weniger Borsten begrenzt als bei H. minimus, die Mittellinie auf dem Halsschilde nicht deutlich, die eingedrückten Punkte sparsamer, aber grosser, daher zu Runzeln verschmolzen, der Halsschild mit starken und langen Borsten versehen, die, wie bei mehreren anderen kleinen Hylesinen, dem Leibe locker aufliegen und das Ansehen haben, als waren sie gegen die Mitte des hinteren Bruststückrandes gebürstet worden. — Die Flügeldecken tragen acht bis neun sehr ausgesprochene Borstenreihen. Die denselben entsprechenden Furchen scheinen weniger regelmässig, mehr runzlig als bei minimus. Auch auf den Rücken stehen noch starke steife Borsten, kurzer und schwächer jedoch als die Borsten der Hauptfurchen. — Das hier bezeichnete Insekt hat wohl eine eben so grosse geographische Verbreitung als die Besenpfrieme. Ueberall wo ich letztere antraf, fand sich zugleich H. spartii. Auch in mehreren Sammlungen steckt es. So in der des Herrn Solier in Marseille. Der Letztere, der es von Herrn Chevrier in Genf bekommen hatte, war mit mir dahin einverstanden, dem Insekte wegen seines Vorkommens in der Besenpfrieme den Namen Hylesinus spartii beizulegen. — Es nistet sich hauptsächlich in den Sträuchern und Stämmchen ein welche vom Frost gelitten haben. Auf der Rinde des Stammes sieht man häufig die Käfer sich paaren. Die Copula findet auf die gewöhnliche Weise aussen auf dem Strunke statt. Selbst in der Gefangenschaft begattet sich der Käfer öfters. — Zwischen Splint und Bast verlaufen die zierlichen Mutter- und Larvengänge. Die Ersteren bestehen aus einer etwas verlängerten Rammelkammer welche sich in eine unter spitzem Winkel zusammenlaufende Gabel verliert. (Sie hat in ihrer Form Aehnlichkeit mit der hölzernen, durch einen Bindfaden verbundenen Gabel welche die Seifensieder zum Schneiden der Seife gebrauchen.) Die meisten Gänge in einem Zweige richten ihre Gabel nach derselben Seite; öfters stehen sie aber auch verkehrt. Die Eierchen werden von den Mutterkäfer einzeln in den Gängen abgelegt. — In der französischen Literatur, anfänglich selbst bei Perris, wird Hylesinus rhododactylus Marsh. als Bewohner des Stechginsters, Ulex europaeus, aufgeführt, Indessen suchte ich bei meinem Aufenthalt in der Gegend von Bordeaux, im September 1855, vergeblich im Stechginster nach rhododactylus, fand aber darin meinen spartii in ähnlicher Weise wie früher in der Besenpfrieme, nur nicht so häufig und mehr in dunnen als in stärkeren Aesten. Herr Revierforster Kellner zu Georgenthal sowohl als Herr Perris bestätigten mir später die Identität mit spartii, so dass rhododactylus aus der Reihe der Bewohner des Stechginsters zu streichen ist. Nach Herrn Perris hat spartii einfache Generation.

H. cunicularius Kn. zu Hohenheim im Juli 1852 in einer Fichte ein Paar in der Rammelkammer in copula. Diese auf gewöhnliche Weise bewerkstelligt. Daselbst Ende August 1847 in der Anlegung von Muttergängen in Fichtenfangbäumen begriffen. In der Gegend des Adlerbergs (Tirol), Juli 1850, desgleichen in Fichten. Beide Mal Lothgänge. Man findet ihn öfters auch auf Tannenblöcken kriechend.

H. opacus Er. und ein kleinerer Verwandter, welchen ich wegen vorhandener Uebergänge nicht sicher zu benennen wage, der sich aber mit opacus in demselben Gang zusammenfindet, zeigt in einem Fangbaume Muttergänge bald nur aus einigen Aesten und mit kleiner Rammelkammer, bald aus mehreren Aesten, bis zu fünf und sieben, die sich ihrerseits so verzweigen, dass das Ganze ein dendritisches Ansehen bekömmt. — Im August 1856 fand ich ihn dabier in Masse in Gesellschaft von Bostrichus laricis in einer Weymouthsfohre. Es waren diesmal nur opacus vorhanden.

H. angustatus Hb., H. attenuatus Er. und H. variolosus Perr. auch in Seeföhren. (Perris.)

H. juniperi Chevr. 2,1mm lang, 1,1mm breit, also kurz und gedrungen, dabei in der Stellung des Kopfs etwas an einen Scolytus erinnernd. Körper schwarz, Kopf, Brust und Beine schwarzbraun, mit Ausnahme der schmutzig gelben Fühler und Fussglieder. Augen zweilappig, fast ganz wie bei poligraphus getrennt. Das männliche Geschlecht mit einer stark eingedrückten muldenförmigen, aber durch eine erhabene Leiste in zwei Hälften getrennten borstenlosen Stirne. Zwischen der Mulde und den Augen gelblichweisse Borsten. Beim andern Geschlecht ist die Stirn gewölbt und mit zahlreichen gelblich-

weissen Borsten besetzt; so auch bei beiden Geschlechtern die Mundtheile. Bruststück vorn auffallend stark eingeschnürt, ziemlich fein und engrunzlig punktirt. Eine Rückenleiste kaum angedeutet. Die hellpechbraunen Decken mit stark gekerbter, hoch erhabener Grate, hinter welcher auch noch zerstreute Körner stehen. Brücken fein, runzlig punktirt. Am Deckenabsturz erhebt sich die dritte Brücke mit etwa sechs starken Körnern zu einem Langskamm. Auch die fünfte Brücke von der Nath hat einige Körner und ausserdem stehen etliche Körnchen zerstreut am Abfalle der Decken. Die gelblichen kurzen Börstchen, welche das ganze Insekt bedecken, sind nicht in die Augen fallend. — Der Kerf ist in Italien und der Schweiz gemein. In meiner Holzersammlung ist er selbst an einem fremden Stücke von Junip. sabina zu bemerken. Bei uns fand ich ihn 1848 bei Werrenwang an der obern Donau im gemeinen Wachholder, jedoch nicht häufig, wiewohl die Stämmchen welche von ihm angegriffen waren, von einer grossen Anzahl bewohnt. Einige Holztrümmchen die im Jahr zuvor vom Käfer bewohnt worden waren, und die ich trotz der grössten Sorgfalt vergeblich nach jungen Käfern oder Larven durchsucht hatte, mussten doch mehrere sehr kleine Larven enthalten haben, denn ein Jahr nachher kam eine Anzahl junger Käfer daraus hervor. Die allgemeine Form der Gänge dieses Insekts ist die eines Lothgangs, an dessen Mitte auf der Seite sich das Bohrloch und die kleine Rammelkammer befinden. Der Mutterkäfer stirbt meist im Gange. — Später, im Juli 1850, fand ich ihn auch in grosser Zahl in Tirol und Vorarlberg in starken Zaunstecken aus Wachholder. Die Gangform war hier in den schwachen Zaunstecken genau wie oben angegeben, in starken aber nicht so regelmässig. An einem Rindenstücke das ich mitbrachte, bemerkt man eine ziemlich breite Rammelkammer mit einfachem Lothgang. In den jüngsten Jahren auch in Masse und zwar im Juni auskriechend im Wachholder der Ostseite des Schwarzwaldes.

H. thujae Perr. aus Cupressus sempervirens L. durch Vermittlung Herrn Mathieu's zu Nanzig von Herrn Perris selbst erhalten, kann ich von juniperi Chevr. nicht unterscheiden.

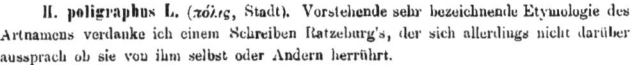

H. **poligraphus** L. (πόλις, Stadt). Vorstehende sehr bezeichnende Etymologie des Artnamens verdanke ich einem Schreiben Ratzeburg's, der sich allerdings nicht darüber aussprach ob sie von ihm selbst oder Andern herrührt.

In kranken Aesten der Weymouthsföhre, zuerst im Jahr 1841 von Freund Riegel gefunden. Wir trafen meistens lebendige Käfer, sehr häufig Paare in den Rammelkammern. Letztere sind im Verhältnisse zum Käfer sehr weit, oft fast so gross wie ein Zwanzigpfennigstück, und liegen im Splint. Es laufen von ihnen fünf bis sechs Arme aus, in welche die meist in geringer Anzahl vorhandenen Larvengänge münden (Fig.). In einem armsdicken Ast von Pinus strobus war die Zahl der Larvengänge viel grösser. An einem fingerlangen, von der Rammelkammer herkommenden Gang zeigten sich auf einer Seite allein 50 bis 60 Eierstellen. Da und dort stirbt ein Käfer in seinem Gange, meistens aber trifft man die Gänge leer. Die Larven fressen nicht sehr regelmässig im Splinte. Die Puppen liegen in nicht vertieften Wiegen, von welchen aus der Käfer ein Loch herausfrisst. In ähnlicher Weise sah ich ihn neuerer Zeit in Aesten der Arve, P. cembra, des hiesigen exotischen Gartens brütend. Ausserdem lebt er in Gemeinföhrenästen. Im Oktober 1841 fand ich ihn sogar in den Zweigen eines Kirschbaums. Sie waren bis schwach gelenkdick. Bohrloch frei in der glatten Rinde. Gänge wie in der Weymouths- und gemeinen Föhre, nur wegen beengten Raums weniger ausgebildet, oft auf einen von der Rammelkammer ausgehenden Ast beschränkt. Gänge halb in der Rinde, halb im Splinte, Muttergänge (Oktober) zum Theile noch von lebenden Käfern bewohnt. Nie sah ich eigentliche Wagegänge, wie Ratzeburg sie anführt. Auch in den Fichten waren stets Sterngänge mit grosser, im Innern der Rinde liegender Rammelkammer, so dass oft gar nichts oder nur die Gangäste beim Ablösen der Rinde vom Holz erschienen. Anfangs Mai 1849 fand ich bei Bruten deren Larven noch kaum ausgekrochen waren: er muss also unter Umständen noch sehr spät im Jahr brüten.

H. **crenatus** F. Auffallend kleine Exemplare von nur 3,4^{mm} Länge. — Auf dem Stuttgarter Turnplatze war etwa im Jahr 1846 eine Auffüllung gemacht worden, in deren Folge wahrscheinlich eine kleine Anzahl

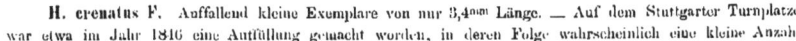

starker Eschen theils gipfeldürr, theils ganz dürr ward. In den Stämmen oder Stammtheilen an denen die Rinde schon fest sass, fand ich im April 1850 zahlreiche crenatus-Familien, zugleich auch, jedoch nur in einzelnen Theilen, fraxini-Gänge. Die Bruten, deren Junge durch viele Löcher in der Rinde ausgeflogen waren, mussten im Frühjahr 1849 angelegt worden und im Sommer darauf zur Entwicklung gekommen sein. Nur da und dort traf ich am 11. April 1850 noch Larven in den Larvengängen (Puppen, vielleicht zufällig, keine). Es fragt sich nun, rührten diese Larven von der Frühlingsbrut 1849 oder einer zweiten, einer Herbstbrut her? Gegen letzteres spricht dass die Larven schon ausgewachsen zu sein schienen. Was mich ausserdem bestimmt sie eher als Spätlinge der Frühlingsbrut von 1849 zu betrachten, war das Vorhandensein einer Menge Käfergänge im obern Theile derselben Stämme oder in besondern etwas schwächern Stämmen, worin die Käfer welche sie angelegt hatten, grösstentheils noch lebend steckten, man aber vergeblich nach jungen Larven oder Eiern suchte, ja sogar, wenigstens in den jetzt noch vor mir liegenden Stücken, Eierhöhlen noch nicht einmal angefertigt waren. Entweder also haben die Käfer die aus den Frühlingsbruten hervorgegangen, noch im Sommer eine zweite Brut anlegen wollen, sind aber damit nicht bis zum Eierlegen gelangt, oder ist es Sitte bei den jungen Käfern, keine Spätbrut mehr anzulegen, sondern sich zum Ueberwintern Gänge zu fressen, von welchen aus sie dann im nächsten Frühjahr sogleich zu Anlegung von Brutgängen übergehen können. Bei einigen Verwandten, insbesondere dem in jeder Beziehung dem crenatus in seiner Lebensweise ähnlichen fraxini kommt dieselbe Ueberwinterung in der Rinde vor. — Da am 10. April noch nirgends Eier zu treffen waren, ist anzunehmen dass die Käfer die eigentliche Brut erst gegen Ende dieses Monats anfangen. Das Bohrloch, in den grössten Rissen der Rinde beginnend, geht gewöhnlich schief aufwärts. Der Muttergang ist ein zweiarmiger Wagegang. (Die Einarmigkeit der von Ratzeburg in Eschenstöcken beobachteten Gänge mochte von Beschränktheit des Raumes herrühren.) Die beiden Zweige des Ganges verliefen zwar häufig in einer Linie, doch traf ich auch eine Menge Muttergänge bei denen die Zweige sich unter spitzem Winkel vereinigten. Meist ist der Gangarm kaum einen Zoll lang, wie Ratzeburg angibt. Doch kommen als Seltenheit auch beinahe fingerlange vor. Eiervertiefungen, der Grösse des Insekts entsprechend, daher viel sparsamer als bei fraxini (bei dichtester Besetzung etwa eine Stelle auf 1^{mm}, bei gewöhnlicher eine auf $1,5^{mm}$). Meistens jedoch sind viele Lücken in den Reihen der Eierstellen. Um die Gänge herum färben sich gern die dicken Bastschichten blauroth. Auch zu Kreuth fand ich den Käfer in mehreren unterdrückten Stämmen mit zweiarmigen Wagegängen. — Kaum glaube ich dass das Insekt werde für den Forst schädlich werden können.

H. suturalis Redt. $2,5^{mm}$ lang, $1,4^{mm}$ breit. Mit wenigen Worten zu bezeichnen: Käfer in Färbung und fast in allen Theilen auffallend ein crenatus im Kleinen. Doch der Körper gegen hinten etwas stumpfer als bei letzterem, die eingedrückten Punkte des Halsschilds seichter, die Decken weniger runzlig und rauh von Körnern und ausgezeichnet durch etwas erhohte borstige Nahtbrücke und noch höhere auffallende, mit rauhen Körnern besetzte dritte Brücke. Decken und Bauch gegen hinten merklich borstiger als der doch vielmal grössere crenatus. Diese Beschreibung stimmt nun recht gut mit Redtenbacher's (Fauna austriaca. Käfer, 1874. S. 371) oleiperda = suturalis Redt. (Col. Austr. 21. 18), welcher folgendermassen geschildert wird: Körper schwarz, glanzlos, Halsschild viel breiter als lang, nach vorn verengt, runzlig punktirt; Flügeldecken punktirt gestreift, die Zwischenräume gekornt, mit sparsamen gelben glänzenden Borstchen besetzt welche längs der Nath dicker sind und mehr zusammengedrängt erscheinen; Fühler und Beine rostroth: einfarbig. Aeusserst selten. Nur hat mein Exemplar nicht ganz gleichfarbige Beine, sondern blos die Schienenenden und Fussglieder sind rostroth. Bei meinem Freunde Mathieu zu Nanzig fand ich den Käfer unter dem Namen suturalis Redtb. = scaber Marsh. welch letztere Bezeichnung recht wohl auf die angegebene Körperbeschaffenheit passt. Auch nach Marseul's Coléoptères d'Europe wäre suturalis und scaber = oleiperda Fabr. Ent. Von Gebrüder Villa zu Mailand erhielt ich ihn unter dem irrigen Namen H. juniperi Chevr. Fabricius (Syst. Eleuth. II, S. 394 und Entom. syst. I, S. 366) gibt seinem Käfer zottigen dunkelbraunen Leib mit gestreiften grauen Decken und rothen Beinen, wovon bloss das Letzte und zwar nur theilweise bei meinem Käfer zutrifft, welcher doch den in andern Sammlungen unter demselben Namen befindlichen gleichkommt. Fabricius lässt ihn, wie v. Heyden, im südlichen Frankreich den Olivenbaum zerstören. Perris gibt ihn in derselben Holzart in Eschen und Syringen mit einfacher Generation in Wagegängen an. Ich fand den Käfer als einziges Exemplar zu Hohenheim im Mai 1849 emsig an einem dürren Eschengipfel hin und her suchend, und Stern (v. Heyden) sammelte ihn einmal in Frankfurter Wald in grosser Anzahl aus Buchenholz.

H. fraxini F. Der Käfer überwintert in der Rinde der Esche in unregelmässig gefressenen, meist in der Nähe von Aesten oder Aststellen sich findenden Gängen. Ueberall und oft auch in der schöneren Jahreszeit findet man darin Käfer. Selbst in Eschenästen aus Triest bemerke ich solche Ueberwinterungsgänge. Schaden auf diese Weise zu stiften ist fraxini nicht im Stand. . Er erscheint sehr früh im Jahr, längstens in den ersten Maitagen, fliegt auf frische Stöcke und geht dann sehr gern gefälltes Holz an, wovon ich mich wiederholt überzeugte. Am 11. Mai 1847 waren schon zahlreiche Gänge in meinen Fangbäumen, in den ersten Tagen Juni jedoch waren die Mutterkäfer todt, ohne Zweifel in Folge der sehr starken Austrocknung und Verhärtung der Rinde durch die vorausgegangene Maihitze. Auch am 8. Mai 1852 sah ich ihn zu Hohenheim beim Einbohren die obere trockenste Seite der Fangbäume vermeiden. Ein Fingerzeig, Fangbäume stets etwas schattig oder feucht unterzubringen. Man kann die Begattung der Käfer auf den Stämmen leicht verfolgen. Sie findet statt wie bei andern Käfern, nur wenn man ein Männchen stört, dreht es sich mit dem Kopf vom Weibchen ab. Uebrigens sieht man auch viele Begattungen mit Weibchen die schon auf halben Körper sich eingebohrt haben. — Ich traf den Käfer wohl sehr häufig in stehendem, nie aber, wie Ratzeburg auf den Bericht Anderer hin bemerkt, im gesündesten Holze.

H. vittatus F. In der Ulme öfters in Gesellschaft des Scolytus destructor Ol. Hb. Im August fand

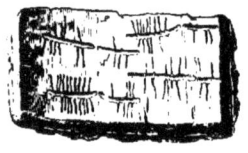

ich junge Käfer. Der Gang ist ein sehr hübscher doppelarmiger Wagegang. Auf der Innenseite der Rinde zeichnet er sich durch zwei Horizontallinien aus, denn die Rammelkammer liegt in der Rinde und lässt zwischen beiden Armen einen kleinen Streifen Bast unzerschnitten. (Paris. Bretagne.) Auch in den Aesten von Ulmus suberosa aus Triest und zwar so eingebohrt dass ich denken muss die Ueberwinterung finde wie bei fraxini statt. — Bei Wien soll er im Jahr 1859 1200 Ulmenstämmchen getödtet haben. [1]

Hylesinus trifolii Müll. nicht nur in Klee (Trifolium pratense)-wurzeln, sondern zu meiner grossen Ueberraschung (September 1855) bei La Teste in den Landes von Bordeaux, in der Besenpfrieme (Spartium scoparium), und zwar blos in armsdicken Stämmen und nahe über dem Boden. Die Gänge des Käfers im Stamm der Besenpfrieme sind doppelarmige Wagegänge, bald mit wenig, bald mit sehr vielen Brutstellen. Sie verlaufen auf der Oberfläche des Holzes in der Rinde. Die Bruten die ich fand, schienen sämmtlich vom Jahr 1855 zu stammen. Im September waren schon junge Käfer in Anzahl neben einer Masse Puppen und Larven vorhanden. Gewiss findet er sich auch bei uns in Besenpfriemen, wenn man nur fleissig an sehr starken alten überständigen Büschen sucht. In den französischen Alpen haust er auch in Cytisus alpinus.

Merkwürdiger Weise erzog ich aus der Besenpfrieme ein sehr schmalleibiges Apion zugleich mit trifolii, das ich für dasselbe halte, welches ich auch zugleich mit ihm zu Hohenheim aus der Kleewurzel erzog.

H. hederae Schmitt. In Epheu zu Mainz (Schmitt) und zu Bordeaux, in Wagegängen. — **H. thujae** Perr. und **Aubei** Perr. in Thuja (articulata Df.?) mit einfacher Generation in Lothgängen. — **Phloeotribus oleae** Fabr. im südlichen Frankreich. Ausser dem Oelbaum, angeblich auch auf der Ulme.

Scolytus destructor Ol. Man findet bei ihm in Bezug auf die Behaarung der Stirn zwischen Männchen und Weibchen häufig fast keinen Unterschied. In Uebereinstimmung mit der von Ratzeburg gemachten Angabe fand auch ich am 31. Mai 1840 in den Ulmen des Lichtensteins junge Käfer und einzelne, wohl von später Brut im vorhergegangenen Jahr herrührende Larven.

S. Ratzeburgii Jans. (destructor Ratz.) ist im Bebenhäuser und andern Revieren in sumpfigen Distrikten, wo die Birke vorherrscht, ziemlich gemein. Fast alle Jahre wird absterbendes, vom Käfer bewohntes Holz gehauen, wiewohl nicht gerade weil man ein Ueberhandnehmen des stets hier vorkommenden Insekts befürchtete. Man findet manchmal bei ihm auch vertikale Gabelgänge. Seine schmutzig hellgelben Eier legt der Käfer dicht an den Bast, aber in den Splint, in welchem den Bast kaum berührend die Muttergänge verlaufen. (Juni 1856.) In der Jugend wird er von einem kleinen Ichneumon verfolgt. Dieses macht durch die Rinde die kleinen Löcher, welche man etwa auf Zentenfernung vom Gange des Käfers bemerkt.

S. multistriatus M. legt, wie seine Verwandten, noch sehr spät (Ende August) Gänge an (Bretagne). Hungrige Käfer denen ich Zuckerlösung und Gummilösung anbot, nahmen von ersterer nur ein paar Mäuler voll und hielten sich dabei nicht auf, erquickten sich aber mit sichtlichem Vergnügen am Gummi. (9. August 1844.)

[1] Kritische Blätter 45, 1. S. 216

S. intricatus K. In Buchenscheitern zu Hohenheim. Der Käfer musste sich schon in die stehenden, einige Fuss dicken und anscheinend gesunden Buchenstämme eingebohrt haben. Selten mehr als 2 Gänge auf einer handgrossen Stelle. Bohrloch bald in einer Rindekluft, bald an einer glatten Stelle, bald gar oben auf einer Rindenwarze angelegt. Rammelkammer beinahe nie angedeutet. Einige Mal benutzten 2 Weibchen zu ihren Gängen dasselbe Bohrloch. Begattung nothwendig aussen am Stamme, wie bei rugulosus. In der Regel einarmige Wagegänge, ausnahmsweise schiefe oder Lothgänge. Muttergang zum grössten Theil in der Rinde, so dass blos ein seichter Eindruck auf dem Holze bleibt. Die Larven waren gleichförmig entwickelt, somit die Eier in kurzer Zeit gelegt. Schliesst im Tode fast immer das Bohrloch durch seinen Körper.

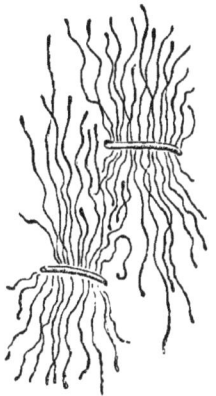

In der Eiche zeigt er auch Lothgänge. Die Larven fressen, so lange sie noch klein sind, den Bastfasern entlang, später unregelmässig rechts und links. Gänge halb in der Rinde, halb im Splint. Ende Mai und Anfangs Juni Entwicklung des Käfers.

S. pruni R. und pyri R. Ich kann mich von der Konstanz des Unterschiedes der beiden Arten nicht überzeugen. Gewisse Exemplare derselben zeigen freilich auffallende Verschiedenheit. Bei andern dagegen ist man das eine Mal geneigt, sie zu pruni, das andere Mal zu pyri zu stellen. Die Exemplare aus Zwetschen(Prun. domestica)-bäumen halte ich für pruni, eben so andere aus Kirschbäumen. Endlich besitze ich durch die Güte des Herrn v. Trott einen pruni der von Herrn Prof. Ratzeburg auf dem Harz in Rüstern gefunden wurde. S. pruni findet sich somit in zwei so verschiedenen Holzarten, dass es nicht befremdend erscheinen müsste, ihn als pyri auch in Birn- und Apfelbäumen zu treffen, und der in der Lebensweise ihm sehr nahe stehende Scol. rugulosus kommt ja auch in Zwetschen-, Kirschen-, Apfel- und Vogelbeerbäumen vor. In letzterem wurde pruni auch durch v. Heyden gefunden.

Zeigen aber auch im Durchschnitte die aus Birn- und Vogelbeerbäumen kommenden Käfer einige Eigenthümlichkeiten, so berechtigen solche doch vielleicht noch nicht zur Aufstellung einer eigenen Art. Hyles. piniperda aus der Seeföhre, Hyles. poligraphus aus der Weymouthsföhre sind in der Regel grösser als piniperda aus der gemeinen Föhre und poligraphus aus der Fichte. Selbst der gestrecktere stenographus aus Pinus laricio von Korsika wird als blose Spielart betrachtet. — Pyri scheint oft etwas gedrungener und ein wenig grösser zu sein als pruni, aber konstant ist dieser Unterschied nicht. Dass der Halsschild allmählicher sich verschmälern und länger sein soll als bei pruni, finde ich nur bei einem Theile meiner Stücke. Besonders setzt mich aber die Skulptur der Flügeldecken in Verlegenheit. Ich habe Käfer bei denen letztere sehr runzlig, eng und tiefgefurcht punktirt sind, wie in einem von Herrn Prof. Ratzeburg übersandten pyri. Andere, aus Apfel- und Birnbäumen, zeigen das bei weitem weniger, und endlich haben auch Käfer aus Zwetschenbäumen (sogar meine sehr stark glänzenden als Kirschbäumen von Ottenau in Baden und der pruni aus Rüstern) diesen Karakter in hohem Grade. Selbst die schiefen Runzeln des pyri in der Nähe der Naht halten nicht Stich. — Die Gangform bei pruni (aus Kirschbäumen) ist die des Lothgangs, ebenso bei pyri. Nur dass letzterer im Verhältniss zu den häufig etwas grösseren Exemplaren manchmal grössere Rammelkammer mit Platz für 5 bis 6 Käfer und längeren Gang zeigt. Ich fand bei pyri auch Muttergänge ohne Rammelkammer. — Mutterkäfer und Larven arbeiten so zwischen Bast und Splint, dass die Gänge in der Regel auf der Innenseite der Rinde eingedrückt bleiben. Das Ende der Larvengänge in der Regel in der Rinde. Die Entwicklung von pruni und pyri scheint nicht sehr rasch zu sein. Wenigstens fand ich im Frühjahr 1839 in einem Apfelbaume schon grosse Larven die erst im Mai 1840 als Käfer ausflogen. Damit will ich jedoch nicht behaupten, der Umstand dass das Holz mit den Larven im Zimmer aufbewahrt worden habe nicht vielleicht zur langsamern Entwicklung der Larven beigetragen. — Der Käfer brütet noch bis spät in den Sommer. Ende Juni 1846 z. B. waren die frisch angelegten Gänge von pruni in einem Kirschbaume zu Ottenau gefunden worden. —

Auf dem Zettelchen eines aus einem Apfelbaum kommenden Käfers steht, wenn ich nicht sehr irre, von der Hand Ratzeburgs: E. pruni. Somit käme pruni auch in Apfelbäumen vor. Herr Prof. Fischbach fand ihn im Frühjahr 1861 in zahlreichen den Bast von Vogelbeer durchwühlenden Lothgängen. Käfer todt. Ich selbst eine Menge fehlgeschlagener Probelöcher und ganz kurze Gänge an einem faulkranken Vogelbeerbaume. Zahlreiche alte Gänge des Käfers in Sorbus domestica. (Hohenheim Juli 1871.)

S. rugulosus Koch. Auch in Zwetschen, Kirschen-, Quittenbäumen und Weissdorn. — Einer meiner früheren Schüler, Herr Forstmeister Herdegen, fand ihn in Menge in einigen Vogelbeerstangen die hier im Juli 1847 zur Unterstützung der äusserst beladenen Obstbäume dienten. Um die Bohrlöcher welche die Weibchen eben angelegt hatten, sammelten sich bei günstiger Witterung öfters zahlreiche Männchen. Ich fand auch Paare in der Begattung: das Weibchen im Gange, das Männchen aussen so sitzend dass nicht zu entscheiden war ob die Begattung rückwärts geschieht, oder ob sich das Männchen während derselben blos gedreht hatte. Letzteres ist wahrscheinlicher.

S. rugulosus scheint eine sehr kurze Entwicklung zu haben. Uebrigens legt das Weibchen am Ende des Gangs stets noch fort und verlängert letztern, während die ersten Larven schon recht gross sind. Für Annahme einer kurzen Entwicklungsperiode des Insekts und Zweifel an Schmidberger's Angabe spricht besonders die Beobachtung einer Brut in einem Kirschenstamm (Bretagne). Anfang Juni 1845 waren die Jungen noch Larven, Ende Juni krochen die Käfer aus. Sollten sie in dem milden Küstenklima nicht schon im ersten Frühjahr gehcckt worden sein? Im vereinenden Fall wäre wenigstens auffallend dass der Käfer nicht schon im Mai sich entwickelte, wie sonst in der Regel bei überjährigen Bruten. Die Muttergänge des Käfers in der dicken Rinde verlaufen zwischen Splint und Bast. Die Larven ziehen sich später in die Rinde selbst hinein, so dass man beim Ablösen der letzteren ihr Vorhandensein nicht vermuthet. — Am 18. Oktober 1842 sah ich den Käfer noch in frisch angelegten, mit ganz jungen Lärvchen versehenen Gängen. Waren diese Mutterkäfer aus einer im Lauf des Sommers ausgekommenen Brut entstanden oder schrieben sie sich vom vorigen Jahr her? Der Mutterkäfer stirbt ebenfalls in der Regel im Gang und verschliesst häufig das Bohrloch durch seinen Körper.

S. carpini Er. Im April 1847 waren die zahlreichen, in Splintwiegen liegenden Larven grösstentheils noch nicht in Puppen verwandelt. Ende Mai und Anfang Juni entwickelten sich die Käfer. — S. castaneus Ratzb. nach Zimmer (v. Heyden) in Prunus gefunden.

Bostrichus typographus L. Mailänder, also aus den italienischen Alpen stammende Käfer sind grösser als die deutschen. Das Jahr 1835, auch 1836, war in Württemberg durch Verheerungen von typographus berüchtigt. Man denkt dabei unwillkürlich an Krankheit der Bäume in Folge des heissen Sommers 1834. Wir haben aber in Bezug auf Zusammenhang langer heisser Jahrgänge und aussergewöhnliche Vermehrung von Borkenkäfern noch vieles zu ermitteln. Ratzeburg legt dabei mit Recht grosses Gewicht auf das Studium der Entwicklungsdauer. B. curvidens, der zweimal heckt, kann sich in einem und demselben geeigneten Sommer mit grosser Schnelligkeit vermehren, Hylesinus piniperda dagegen mit seiner stets einfachen Generation wird sich ein Jahr nachher bemerklich machen. Dass aber die Entwicklung der Holzinsekten rascher erfolge in einem heissen trocknen, als in einem abwechselnd heissen und feuchten, scheint, wie auch sonst[1] wahrscheinlich gemacht wird, sehr zu bezweifeln. Der heisse trockne Jahrgang begünstigt die Forstkäfer wohl durch Krankmachen von Bäumen und Förderung von Begattung und Brut. Schwerlich verläuft indessen die Entwicklung der Nachkommenschaft rascher als in einem warmfeuchten. Ein eigentlich nasses Jahr wird viele Bruten zerstören. — Witterungs- und Insektenkalender sollten also öfter unter Berücksichtigung der eben angedeuteten Gesichtspunkte mit einander verglichen werden. — Im Oktober 1845 fand ich einmal mitten unter einer Masse stenographus, unter Föhrenrinde, einen typographus. Er hatte sich offenbar unter die Rinde gefressen, zum Schutze gegen die einbrechende Winterkälte. Am 5. Mai 1857 traf ich einen zweiten lebend in einer am Boden liegenden Föhre im Gang eines Hylesinus piniperda, der sich mit erster Frühlingswärme eingebohrt zu haben schien, aber, wohl in Folge der darauffolgenden fortdauernd übermässigen Nässe, in seinem Gang ersoffen war. Der typographus scheint also auch hier nicht Brütens wegen verweilt zu haben. — Ueber sein förmliches reich-

[1] Forst- und Jagdzeitung, März 1857, S. 105.

liches Brüten in Föhrenstangen im Sommer 1869 ist anderweitig[1] berichtet. Neuerdings, 30 Mai 1875, fand ich ihn wieder in Masse in Föhrendurchforstungsstangen. . Die Entwicklung des Käfers in Fangbäumen war im Jahr 1846 etwas früher als aus Norddeutschland angegeben wurde. Ende Juni waren schon junge Käfer vorhanden, die unregelmässig um die Wiegen im Splint herumfrassen. Andere Käfer legten in denselben Tagen neue Bruten an. Am 7. Juni 1868 waren in einer starken Fichte zu Kemnath eine Masse von der Frühlingsbrut herstammender junger Käfer noch in den Wiegen. — Kollar berichtet im Dezemberheft des Jahrgangs 1849 der Sitzungsberichte der kaiserlichen Akademie der Wissenschaften, dass typographus auch in der Lärche brüte, und zwar unter Umständen eben so zahlreich wie in der Fichte. Seine Beobachtungen rührten aus Steiermark. Dasselbe sah ich im Jahre 1850 im Innthal an einer mit Brutgängen stark besetzten Lärche. Ferner weiss ich aus zuverlässiger Quelle, dass er zu Bevers im Oberengadin in der Lärche haust, und auch Revierförster Riegel fand ihn hier zu Land in Lärchen. An den von mir beobachteten Brutgängen zweigten sich die Gangäste vielleicht zufällig etwas geschwungener von der Rammelkammer ab, als ich sonst an den Gängen in der Fichte bemerke.

B. cembrae Heer. siehe Kritische Blätter 52. Bd. I, S. 186.

B. stenographus Dft. sowohl in Pinus laricio auf Korsika (die dorther kommenden Exemplare sind nach Mathieu stets etwas schmäler denn sonst); als auch in der Seeföhre (P. pinaster), häufig zugleich mit B. laricis F. — In der Bretagne (Seeföhre) fand ich Ende Mai alte Gänge mit zahlreichen Puppen, lebenden alten Käfern und, irre ich nicht, auch jungen Käfern. In der Rammelkammer eines neu angelegten Gangs vier Käfer beisammen. Der Käfer macht viele Luftlöcher und gabelt seine Gänge gern. Er folgt bei ihrer Anlage, um der Oberfläche nahe zu sein, den Rissen der Rinde, so dass diese beim Ablösen sehr häufig in die Muttergänge bricht. Die Larvengänge, die ich sonst sehr breit getroffen hatte, schienen mir auffallend schmal und endigten in kurzen, beinah runden Splintwiegen. — Auch im Juli Gänge mit jungen noch gelben Käfern. (Bretagne.) — Zu Viernheim in der Rheinebene in dem guten Jahr 1874 nach namhafter Trockenheit Ende August grosse Gänge mit einer Menge junger Käfer. Diese verschiedenen Daten weisen auf mehrere Generationen im Jahr oder auf grosse Abweichungen in der Brutjahreszeit hin. Für erstere Deutung sprechen die Angaben von Perris. Nach ihm hat der Käfer in der Seeföhre des Landes positiv zwei Generationen im Jahre: die Anfangs Mai brütenden Käfer geben Anfangs Juli Veranlassung zu einer jungen Käfergeneration, welche Ende Juli

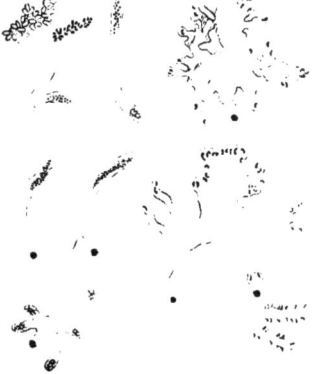

oder mit Beginn Augusts zu einer zweiten Brut schreitend einer im Laufe September oder Anfangs Oktober erscheinenden zweiten Generation junger Käfer das Dasein gibt. Diese theils noch auskriechend, theils den Winter in den Brutgängen zubringend, oder gar möglicherweise durch Umstände begünstigt, vor Winter noch zu einer dritten Brut schreitend. — Perris versichert dass in den einzelnen Brutgängen gewöhnlich ein Männchen und ein Weibchen zusammen arbeiten. Im Nothfalle brütet der Käfer auch in zehn- bis zwölfjährigen Seeföhren, freilich alsdann etwas tiefer ins Holz greifend. — Nur ausnahmsweise geht stenographus auch in Fichten. Ein Zweifel über die Thatsache ist jedoch ausgeschlossen.[2]

B. laricis F. und dessen **var. suturalis Déj.** Auffallend dass der Käfer in der Lärche, die ihn doch ihren Namen verleihen musste, gerade am seltensten ist. Erst im Juli 1855, zu Hohenheim, fand ich ihn darin, und zwar in Familiengängen wie die nebenstehenden, aus Fichten. Auch in der Lärche lagen die Eier traubenförmig im Sack eines Gangasts. Zu Kreuth ist er ausser in Föhren häufig in Tannen. Hier schmarotzte

---

[1] Kritische Blätter, 52, Bd. I, S. 262.
[2] Kritische Blätter 51, Bd I, S. 265

pusillus in seinen Gängen. Sonst haust er aber auch noch in Pinus strobus (Hohenheim), und zwischen Marseille und Toulon (Le Beausset) fand ich ihn im Jahr 1845 in Pinus halepensis. — Im Juni 1840 sah ich auf einem Zimmerplatze zu Gomaringen in mehreren Fichtenstämmen interessante Abweichungen seiner gewöhnlichen Gangform, die ich mit Hirschgeweihen vergleichen möchte. Ich zeichnete an Ort und Stelle die sonderbaren auf voriger Seite wiedergegebenen Formen und bemerke nachstehend das Wesentliche des die Zeichnungen seiner Zeit (Entomol. Zeitung von 1848) begleitenden Textes. Nachdem ich bei laricis die Eier gewöhnlich einzeln längs der Muttergänge abgelegt gefunden hatte, war ich überrascht, beim Oeffnen des ersten Gangs mitten in diesem eine traubenförmige Anhäufung von Eierchen zu entdecken. Ich hielt sie im ersten Augenblick für Eier schmarotzender Fliegen. Bald überzeugte ich mich aber dass sie vom laricis selbst herrührten, denn ich stiess unter den weitern ähnlich beschaffenen Gängen (Siehe S. 29) auf etliche worin sich die Eierhäufchen in junge Borkenkäferlarven verwandelt hatten. Einmal war das Gangende in welchem die Eiertraube lag, etwas beutelförmig erweitert. (B.) Im Gegensatz hiezu fand ich Gänge mit einigen und bis fünf Armen, in deren Länge beiderseits die Eier und Lärvchen einzeln gelegt waren, wie sonst bei den Borkenkäfern. — Aus dieser Verschiedenheit der Art wie der Käfer seine Eier bald haufenweise bald einzeln ablegt, folgt nun dass die Larven entweder familienweise fressen oder einzeln, jede in eigenem Larvengange. Die Figuren stellen solche Familiengänge und auch Formen des Uebergangs zu Gängen mit einzelnfressenden Larven vor. Da und dort liessen die Larven in ihrem Familiengang Inseln stehen. Ratzeburg knüpfte an diese ihm seiner Zeit mitgetheilten Vorgänge die Frage ob das ihm bis dahin von laricis nicht bekannte Anlegen von Familiengängen nicht seine Erklärung in beschränktem Raum oder einem sonstigen äussern Umstand finde. Ersteres konnte ich aber auf sorgfältige Untersuchung hin nicht annehmen. Nur zwei bis drei Gänge kamen auf einen Quadratfuss. Auch an andern Orten und in andern Bäumen, z. B. in der Seeföhre, worin ich den Käfer zu Grand-Jouan und Bordeaux in Menge und theilweise auch in Familiengängen fand, gebrach es ihm keineswegs an nöthigem Raum. Und doch muss die Abweichung einen Grund haben. Das eine Mal vielleicht kalte Witterung, welche die Käfer nicht zur Fertigung der einzelnen Zellen kommen lässt, das andre, Mangel oder Unthätigkeit eines oder einiger Männchen, oder dergl. (siehe unten). — Wie überhaupt Borkenkäferlarven welche familienweise leben, so sind auch diejenigen von laricis sehr beweglich. — Der Schilderung der Gänge in Fichten zu Gomaringen ist noch beizufügen, dass links der untere Gang in fünf auseinander laufenden Strahlen fünf zugleich arbeitende Bostr. suturalis darstellt. — Perris versichert auf Grund zahlreicher Beobachtungen dass sich bei laricis in einem Muttergange stets nur ein Weibchen finde, dem die Anlegung von Bohrloch und Rammelkammern obliege und das mit den zwei bis fünf Männchen in der Art zusammenlebe, dass diese die Brutgänge und Eierstellen aushöhlen, welche es mit Eiern besetze, ohne jedoch damit behaupten zu wollen, dass es niemals einem Männchen bei der Anlegung eines Brutgangs behülflich sei.

B. oblitus Perr. neben laricis stehend, aber grösser und zumal durch die Form der abschüssigen Stelle des Männchens unterscheidbar, in Lothgängen. Seeföhre. (Perris.)

B. acuminatus Gyll. Die beiden Geschlechter unterscheiden sich auf den ersten Blick durch die Grösse, indem das Männchen kaum $2/3$ der Länge des Weibchens beträgt. Die Farbe des ersteren ist strohgelb, krankhaft (vorausgesetzt, dass ich kein unreifes Exemplar vor mir gehabt). Der Deckenabfall zeigt zwar die beim Weibchen hervortretenden Zähne, allein diese sind weniger stark entwickelt und blos spitz, während sie beim andern Geschlecht an der Spitze selbst zackig sein können. Zugleich verlängert sich der untere Theil des Deckenabfalles, dem Weibchen gegenüber, bedeutend. — Die Gänge von acuminatus sind, etwa mit Ausnahme derer von stenographus, der Ausdehnung nach die grössten. Es sind Sterngänge, halb im Splinte, halb in Bast verlaufend. Indessen gehen ungefähr, wie bei Hyles. minimus, die Muttergänge nicht strahlenförmig nach allen Richtungen auseinander, sondern diejenigen, welche eigentlich rund um den Stamm herumgehen sollten, biegen sich bald auf-, bald abwärts. Ein Gangarm kann Fusslänge erreichen. Die Eier legt der Käfer ziemlich entfernt, so dass zwischen je zwei Eierwiegen in der Regel mindestens einige Millim. Entfernung bleiben. Eierwiegen sehr beträchtlich. Wie bei Hyles. minimus und B. Lichtensteinii häufig, verbindet nicht selten ein Gang zwei Rammelkammern. Oefters vermeiden dagegen die Käfer sorgfältig mit den Gängen auf einander zu stossen. Die von acuminatus, dabei zugleich von B. quadridens bewohnte Föhre, aus dem Schwarzwalde stammend, verdankte ich Herrn Revierförster Riegel. Meine Exemplare von Cauterets in den Pyrenäen (Herr Mathieu), ohne Zweifel ebenfalls aus Föhren.

Bostrichus hispinus Meg. läuft in manchen sonst vortrefflich bestimmten Sammlungen als B. bidentatus Aut. Er haust nicht in Föhren, wie ich früher muthmasste, sondern in der Waldrebe. Seine Lebensweise in diesem Schlingstrauch ist von mir Forst- und Jagdzeitung 1850, S. 77 beschrieben worden.

B. curvidens Gr. Ratzeburg's Vermuthung, der von Grüter und Sponeck in Hartig's Journal f. J. und F., 1808, p. 114 erwähnte Tannenzerstörer sei curvidens Gr., ist vollkommen begründet. Herr Grüter, der alle curvidens welche ich ihm zeigte, für nichts als typographus hielt, meinte mit seinem oben angegebenen Bericht nichts anderes als curvidens. . Ich erhielt im Jahr 1835 Exemplare von curvidens angeblich aus Fichten, glaubte aber an einen Irrthum des Ueberbringers. Seither jedoch traf ich ihn wiederholt in den vollkommensten Muttergängen in Fichten. Auch in Lärchen ist er gemein und läuft deshalb in vielen ältern Sammlungen als laricis. In der Tanne freilich ist er am häufigsten und folgt dieser auf die höchsten Punkte im Schwarzwald und im Cantal (Auvergne).
Dass ich zwei durch Streuablagerung an ihrem Fusse krank gemachte Föhren [1] von seinen Gängen ganz erfüllt fand so wie sein Brüten in schneegedrückten Weymouthsföhren zu Adelberg beschrieb ich anderwärts. [2] — Endlich hauste er in Menge in einer im Winter 1865/66 abgestandenen, im Mai 1866 geschlagenen Balsamtanne des hiesigen exotischen Gartens. Im Jahr 1846 war die erste Brut des Käfers Ende Juni fertig.
In Württemberg ist kein Tannenrevier, wo der Käfer nicht schon sehr lästig oder gefährlich geworden wäre. Im Jahr 1835 mussten im Revier Murrhardt 2700 Festmeter und zwar vom Wahle gelegen hatten. Hohenheim, gefällt werden. — Ueber die Art wie der Käfer in Gesellschaft von B. piceae die Tannen befällt und tödtet, siehe Riegel in d. forstl. Monatsschrift f. Württemberg, 1856, S. 140.

B. chalcographus L. Wo die Rinde sehr dünn ist, wie an jungen Stangen, vertieft chalcographus seine Rammelkammer bis auf den Splint. — Ende Juni 1846 nahm ich aus einem Tannenfangbaum eine grosse Anzahl curvidens mit mir und fand unter denselben zu Hause chalcographus. Sollte er sich blos zufällig mit curvidens gefunden haben? Schwerlich, wie die nachfolgenden mancherlei Beobachtungen annehmen lassen. Am 31. Juli 1866 fand ich ihn in Menge in zwölfjährigen rothgewordenen Föhren ganz in ähnlicher Weise wie sonst B. bidens. In seiner Gesellschaft war C. notatus. Eine Generation, eben zu Käfern entwickelt und in der Mehrzahl noch gelb. Aehnliches Vorkommen bei Meyer in Hannover. [3] — Andere Mal in Menge in seinen Gängen in Lärchenstangen die seit einem Jahr am Boden im Walde gelegen hatten. Hohenheim, Mai 1868, und zu Adelberg 1869. Im Juli 1868 in roth gewordenen Weymouthsföhrenpflanzen zu Hohenheim und 1869 zu Adelberg. . Von Herrn Mathieu zu Nanzig erhielt ich ihn aus der Arve, Pinus cembra der südfranzösischen Alpen. Die von dort herrührenden Exemplare sind grösser als die hiesigen und bald ganz schwarz, bald hinten nur wenig roth, wie etwa B. bidens.

B. bidens F. In der Diagnose von bidens dürfte wohl zu sagen sein, dass die Weibchen häufig eine aus langen steifen Borsten bestehende, meist übrigens nicht sehr dichte Stirnbürste führen. — Der Deckenabfall des Männchens zeigt entweder blos die zwei starken Haken, oder, und zwar vielleicht noch häufiger, zugleich die zwei Zähne über diesen Haken, oder auch noch ausserdem die Andeutung des dritten Paars Zähne unter den Haken. Sind letztere sehr stark, so begründet dies die Varietät quadridens Hrt. — Das Weibchen hat entweder gar keine Zähne, wie Ratzeburg bemerkt, oder häufiger sind die Zähne des Männchens deutlich angedeutet. — Bei der Stuttgarter Versammlung der Forstleute, 1842, wurde die Frage aufgeworfen, ob Bestände die durch einen Waldbrand gelitten haben, auch vom Borkenkäfer befallen werden. Niemand konnte damals Erfahrungen für oder gegen die Wahrscheinlichkeit des Erscheinens des Käfers beibringen. Freund Riegel nun beobachtete im Forstbezirke Kaltenbronnen Bostrichus bidens in Folge eines Waldbrandes. Das Föhrenbeständchen in dem der Käfer auftrat und das auf Moorboden steht, war im Frühjahr 1841 zerstört worden.

---

[1] Kritische Blätter 47. Bd. 1. S. 260
[2] Kritische Blätter 52. Bd 1. S. 262
[3] Forstliche Monatsschrift. 1866 S. 219

Die Föhrenstämmchen von 2—8″ Durchmesser enthielten im August 1844 lebende alte Käfer und ziemlich ausgebildete Larven. Auffallenderweise hatte sich der Käfer auch an solchen Stellen eingebohrt, wo die Rinde aussen angekohlt war. — Seither auf den Gegenstand aufmerksam, sah ich wiederholt Bruten von Borken- und Rüsselkäfern in Nadelbeständen die im Frühjahr in Brand gerathen waren, und ich möchte mich fast den Beobachtungen des Herrn Oberförsters Tietz zu Cleve an Hylesinus piniperda in Föhren anschliessen, wonach sogar das leichte Braten des Holzes am Feuer ein Mittel wäre den Borkenkäfer anzulocken. — Ein zweites Mal fand ihn Riegel in einem am Boden liegenden Föhrengipfel, der etwa im September 1844 junge Käfer zeigte. — Ein drittes Mal, im September 1846, waren schon vollkommen entwickelte junge Käfer in einer 10—12jährigen Föhre die bis in den Sommer hinein ein freudiges Wachsthum gezeigt hatte und nach Riegel vom Käfer ohne Zweifel getödtet worden war. — Ein viertes Mal, 15. März 1847, im Schwarzwald, in dürren Föhrenästen, noch lebende alte Weibchen in den Muttergängen und zugehörige noch nicht halbgewachsene Larven. — Riegel schloss aus den drei ersten Angaben auf eine einfache Generation von bidens und erklärte die lebenden alten Weibchen und jungen Larven des vierten Falls als Folge des ausnahmweise sehr heissen Sommers 1846. Nun fand er aber den 21. März 1847 wieder alte, noch lebende Weibchen, mit allem Anschein nach fast ganz ausgewachsenen Larven, in zahlloser Menge. Es wäre daher zu untersuchen, ob einfache Generation nicht Regel bei bidens ist, anderthalbige, Ausnahme, oder umgekehrt. — Aus dem blossen Vorhandensein von Larven und Puppen in jedem Winter auf 1½ige Generation schliessen zu wollen, wie Ratzeburg, scheint mir etwas gewagt, da auch bei doppelter Generation, wie solche z. B. bei Bostrichus curvidens angenommen wird, in der Regel ein grosser Theil der Individuen zweiter Generation den Winter noch im Larven- und Puppenzustand besteht.

B. bidens, var. quadridens Hart. von Riegel in der Legföhre noch auf den höchsten Punkten des Schwarzwaldes gefunden. Einst brachte ihn Herr Professor Fischbach in Aosten der Pinus cembra von einer Alpenreise zurück.

Auch in einer Abiesart von der sibirischen Waldgrenze (s. Centralbl. f. d. gesammte Forstwesen, Apr. 1879 S. 179) fand sich ein Gang von quadridens sammt Käfern. — Riegel hält es noch nicht für ausgemacht, dass quadridens blos Var. von bidens sei. Was zu Gunsten seines Zweifels spricht, ist freilich dass man oft viele bidens ohne einen einzigen quadridens, viele quadridens ohne einen einzigen bidens findet. Er fand quadridens auch in stärkerem Holz und in Fangbäumen, was nach Ratzeburg von bidens nicht gesagt werden kann. Trotzdem glaube ich an quadridens als eigene Species so wenig als Ratzeburg: die von diesem angeführte Analogie mit suturalis ist gewiss entscheidend. — Der quadridens welchen ich in der Föhre am Pic du Midi bei Pau in den Pyrenäen fand, war konstant so gross als die grössten hiesigen Exemplare. Viele der Weibchen dorther zeigen eine ziemlich starkborstige gelbe Stirnbürste, andern fehlt letztere. Die Männchen, ohne Ausnahme, haben sechs Zahnpaare; nur bei einigen Exemplaren sind sie viel schwächer ausgesprochen und stehen in der Bildung denen der Weibchen viel näher. Alle Weibchen, selbst besonders kleine, haben am Deckenabfall augenfällige, die Zähne der Männchen andeutende Höcker. An den Seiten des Brustücks, was übrigens auch bei bidens, nur nicht in so auffallendem Grade zu bemerken, findet sich eine glatte von Punkten entblösste Stelle. Interessant ist, dass sich auch bei diesem quadridens ein Halbdutzend Weibchen mit einer grossen lochförmigen Vertiefung auf der Mitte der Stirn befanden. — Perris zufolge leben in den Sterngängen von bidens ebenso viel Käferpaare als Strahlen vorhanden sind. Jeder der letztern enthält ein Männchen und ein Weibchen. Er fand mindestens zwei Generationen im Jahre.

B. bidens F. var. trepanata Nördl. Im Sommer 1841 fand ich in Föhrenästen bei Stuttgart einige Borkenkäfer, die ich für nichts anderes halten kann als für eine Varietät von bidens. Gangform wie bei bidens, Grösse ebenso, nur bei mehreren Exemplaren (die ich seiner Zeit für Weibchen der übrigen hielt) ein wie mit einer Nadel eingebohrtes Loch in der Stirne. Der Deckenabsturz mit drei Paar Höckern die dem Käfer viele Aehnlichkeit mit chalcographus verleihen. Ratzeburg hielt und Lindemann[1] hält ihn deshalb für eine besonders grosse und auch durch steileren Flügelabsturz abweichende Varietät von chalcographus. Es ist nun wahr, dass das Weibchen von chalcographus auch eine Vertiefung auf der Stirn hat. Indessen ist dies blos eine Aushöhlung

[1] Beiträge zur Kenntniss der Borkenkäfer Russlands. S. 3

und kein wie mit der Nadel eingebohrtes Loch. — In Föhrenzweigen von demselben Fundort fand ich auch entschiedene bidens ohne alle Höcker am Deckenabfall. Einen mit sehr starken Höckern und ohne Loch in der Stirn hielt ich für das Männchen des trepanatus. Was mich aber versichert, dass die Exemplare mit und ohne durchbohrte Stirn und mit drei Höckerpaaren an der abschüssigen Stelle doch auch nichts anderes sind, als bidens var., ist, dass ich sie von den quadridens mit angebohrter Stirn aus den Pyrenäen in Bezug auf Kopf und Abfall der Decken kaum zu unterscheiden im Stande bin. Ratzeburg musste die Käfer freilich für chalcographus var. halten, da es ihm, scheint es, unbekannt war, dass die Weibchen von bidens auch kleine Höckerchen, die von quadridens sogar sehr starke Höckerchen an den abschüssigen Decken haben können.

B. autographus Kn. findet sich auch in der Weymouthsföhre, folglich ohne Zweifel ausserdem in der gemeinen Föhre. Oefters sieht man ihn auch auf Tannenstämmen herumlaufen. Im Altheimer Reviere brütete er Anfangs der 1800ger Jahre in kranken Lärchen. — Im Schwarzwalde haust er gern zusammen mit Curculio abietis in Fichtenwurzeln der Schläge.

Auffallend ist, dass er manchmal seine Bohrlöcher nicht ganz selbst anlegt, sondern diejenigen anderer Käfer, z. B. des Saxesenii erweitert, um unter die Rinde zu kommen. Ein derartiger, in der Rinde verlaufender Gang ist hinten S. 39 bei Saxesenii abgebildet. Man erkennt an ihm ungefähr die Form der Gänge von B laricis. Schon mehrere Mal traf ich ihn in der Arbeit begriffen um ein Bohrloch von Saxesenii zu erweitern. Ist autographus zu träge sich seine Behausung ganz selbst anzufertigen und benutzt er die Hausthüre des Saxesenii, so bekommt er später um so mehr zu thun, wenn Saxesenii seine Gänge kehrt und Alles durch das Wohnzimmer des autographus ausleert. — In Tirol, Juni 1850, sah ich den Käfer zum genannten Zweck das Bohrloch eines Hylesinus pilosus benützen. Doch sucht man, wo der Käfer häufig vorkommt, auch nicht lange vergeblich nach von ihm selbst angelegten Bohrlöchern. Die Eier legt autographus sehr fahrlässig, meist breit auf den Grund eines Ganges, so dass die Larven anfangs gemeinschaftlich fressen müssen. Man trifft frisch angelegte Gänge im Mai, aber auch im August, zur Zeit wo sein Hausgenosse Saxesenii bereits Junge hat.

B. villosus F. haust in Edelkastanienbäumen gerade wie in Eichen. So findet er sich in den Kastanien die in Württemberg da und dort im Walde zerstreut stehen und nur da häufig ein krankhaftes Aussehen und Gipfeldürre zeigen. Bestimmt ist der Käfer hier nicht Ursache, sondern Folge der Krankheit. — Herr A. Keller zu Reutlingen fand ihn brütend in einem Buchenstock. — Es ist merkwürdig, wie schwer die Männchen des Insekts zu finden sind. In der Bretagne, wo mir wohl ein Tausend weiblicher Käfer unter die Augen kam, fand ich, trotz meiner unausgesetzten Aufmerksamkeit, nicht ein einziges Männchen. Die Gänge sind nicht blos, wie Ratzeburg sie beschreibt, einfache Wagegänge, sondern häufig doppelte, drei-, vier-, fünf- und selbst sechsarmige. Das Bohrloch ist in irgend einer Ritze angelegt. Die oft schon in der Rinde ziemlich erweiterte Rammelkammer ist bis auf 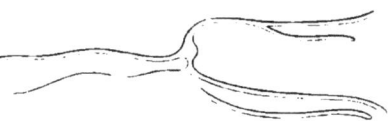 den Splint vertieft, wo sie sich in Arme verzweigt. Die in der Regel auf- oder absteigenden Larvengänge verlaufen jedoch meistens wieder in der Rinde, wo sich auch die Splintwiegen finden und die jungen Käfer noch längere Zeit nachher unherfressen. — Beigezeichnet ein fünfarmiger Wagegang mit verzweigtem Arm, wie er öfters vorkommt.

Bostrichus cryptographus Ratz. von Haag (v. Heyden) in Menge aus Aspenholz erzogen.
B. coryli Perris in Haselstämmen zu Frankfurt. (v. Heyden.)

B. bicolor Hb. im August 1836 von Dankholzweiler, Kraibsheimer Forsts, eingesandt. Nach dem amtlichen Bericht hatte er in allen freistehenden Buchen in Begleitung der Buprestis fagi R. so bedeutenden Schaden gethan, dass viele Buchen gehauen werden mussten. Es fragt sich nur, ob der Käfer die Ursache des Absterbens der Buchen war, oder was mir wahrscheinlicher vorkommt, die grosse Hitze von 1834, 1835 und 1836. So viel geht aber wohl daraus hervor, dass der Käfer nicht, wie Ratzeburg angibt, blos in abgestorbenen Bäumen lebt. An Ostern 1848 hatte ich Gelegenheit in einem Holzgarten eine grosse Masse Buchenscheiter zu untersuchen, welche zum Theil noch hübsche Gänge darboten, zum Theil aber von einer ungemeinen Menge

Käfer ganz durchwühlt waren. — Ratzeburg sagt dass die Muttergänge sich wohl nur im Innern der Rinde finden und die Gänge auf der innern Seite des Basts wahrscheinlich nur von den Larven herrühren. Es ist allerdings schwer bei der Rauhheit der Buchenrinde an alten Gängen die Frage mit Gewissheit zu entscheiden. Allein die fertigen Käfer fressen so gern in der Rinde umher, dass kaum anzunehmen sein wird, die Mutterkäfer haben eine besondere Abneigung auch zwischen Rinde und Holz ihre Gänge fortzusetzen und bleiben blos im Innern der Rinde. Ferner findet man verzweigte aus wenigen Armen bestehende kleine Gänge, am Ende der Arme aber öfters weiterfressende Käfer. In der That besitze ich einige Gänge welche förmlichen Muttergängen zu ähnlich sehen, als dass ich glauben sollte die Larven hätten sie angelegt, und andere sehr strahlenreiche Sterngänge die ich mir blos durch einen ursprünglich ziemlich einfachen, aber durch junge Käfer nach allen Richtungen hin fortgesetzten Muttergang erklären kann. — Ich erhielt bicolor von Herrn Perroud in Lyon, angeblich aus Nussbäumen (Jugl. regia) und zwar, wenn ich nicht irre, aus den Zweigen. Perris gibt ihn in der Eiche an. v. Heyden einzeln in Aspen und unter Hainenrinde.

Bostrichus alni Gg. hier noch niemals, wohl aber im Anhaltischen an mehreren Orten gefunden. [1]

B. pusillus Gyll. brütet nicht blos in der Fichte, obgleich er in dieser am häufigsten vorkommt, sondern auch in Gesellschaft von curvidens im Baste der Tanne, und mit Laricis und stenographus in der Föhre. — Ausserdem traf ich ihn zu Hohenheim, 1848, in einer liegenden Weymouthsföhre (strobus); in Tirol 1850, in Gesellschaft des typographus in der Lärche; zu La Teste bei Bordeaux, September 1855, in der Seeföhre (P. pinaster). — Im Juli sowohl als im Oktober findet man Larven, ganz junge Käfer und Puppen noch in den Splintwiegen. — Da das kleine Käferchen in der Bastschwarte der Rinde lebt, ist es begreiflich dass es zu dieser gern, wie viele andere Borkenkäfer, von tiefen Rinderissen, oder von Gängen andrer Käfer aus zu gelangen sucht. Dass ersteres geschieht, wo pusillus allein haust, davon hat sich Perris überzeugt. Dieser beobachtete an Stellen welche nur von einem oder zwei Paaren bewohnt waren, als ursprüngliche Brutstelle einen im Verhältniss zu der Stärke des Käferchens grossen Lothgang ohne Rammelkammer, mit engedrängten Eierstellen und sehr buchtigen Larvengängen. Zwei Generationen im Jahr.

B. cinereus Hb. in Pinus halepensis Mill. bei Toulon, in Gesellschaft des Hyles. ligniperda. Ich traf im Oktober ungemein zahlreiche Käferfamilien bei einander, die den ursprünglichen Muttergang und die Umgebung so zerfressen hatten dass der Bast und die Innenseite der Rinde sich ganz porös darstellten, im Kleinen das Bild durch Ameisen zerfressenen Eichenholzes. — Muttergang natürlich nicht mehr zu erkennen, aber wahrscheinlich wie bei pusillus. Oft scheint der Käfer, um unter die Rinde zu gelangen, die Gänge von ligniperda sich zu Nutzen gemacht zu haben. In manchen Familien sass Käfer an Käfer. Auch in Menge zu La Teste, September 1855, mit pusillus, in der Seeföhre. — Nach Herrn Mathieu von Puton im Jura entschieden in Fichten gefunden.

Bostrichus fagi F.[2] Eine wenig beachtete kleine Borkenkäferspezies, die ich hier überall, auch im Spessart (Wildenstein) und in Tirol fand. Der Käfer bewohnt die unterdrückten untern Aeste der Buche. Ueber die Form der Gänge kann ich noch wenig berichten. Sie scheinen sich denen von Bostr. bicolor Hb. zu nähern, sind aber, weil etwas unregelmässig zwischen den harten Markstrahlen des Buchenholzes verlaufend, schwer zu beobachten.

Das vollkommene Insekt hat ungefähr Statur und Grösse von Bostr. Lichtensteinii R. Männchen und Weibchen scheinen nicht wesentlich verschieden. Fühlhörner etwas haarig und in allen Theilen denen von Lichtensteinii ähnlich. Stirn des Käfers gewölbt. Fresszangen kräftig. Raum zwischen der Ansatzstelle der Fresszangen und den Augen mit sparsamen, aber starken, gelblichen Haaren besetzt. Der vordere Theil des Bruststücks reihenweise gekörnt, ungefähr, jedoch nicht ganz so regelmässig, wie bei Lichtensteinii. Der Thorax nicht eingeschnürt, ohne Mittelleiste, punktirt und mit eben solchen Körnern versehen, wie die Flügeldecken. Die Seiten des Bruststücks und der Unterleib mit Borsten besetzt; die Füsse wie die Fühlhörner nur fein behaart. Flügeldecken mit acht stärkeren, regelmässig verlaufenden Hauptpunktreihen, keinen eigentlichen Borsten, sondern hornartigen stumpfen Hervorragungen. Zwischen diesen Hauptreihen liegen Rücken, welche viermal so breit sein sollen als die hornigen Hauptborsten die es sind. Schabt man die Borsten ab, so erkennt man mit Hülfe des Mikroskops eine Menge feiner eingedrückter Punkte, die unregelmässig durcheinander stehen und deren jedem eine hornige Borste entspricht. Der Deckenabsturz steil, ohne alle Zahnbildung.

[1] Kritische Blätter. 1852, II, S. 232
[2] Dohrner, Zoologe. H. S. 169

B. pityographus Ratz. kommt sogar in halbfussstarkem Fichtenholz vor (Riegel), manchmal zusammen mit Hylesinus poligraphus. In einer hiesigen Fichtenstange, 16. Juni 1856, waren seine Gänge hauptsächlich im Splinte geführt und rein von Sägespähnen. Die ziemlich grossen Eier waren in braunes Rindemehl wohl gebettet. Am 10. Juli 1879 in einer jungen Weymouthsföhre, worin er sehr gemein ist, sah ich die Eiernischen mit Holzmehl ausgefüttert. — Im Kantal (Auvergne), auf dem Schwarzwald und in den Pyrenäen in der Tanne.

B. Lichtensteinii Ratz. in Schwaben noch gemeiner als pityographus, hauptsächlich in der gemeinen, aber auch in der Weymouthsföhre. In der Bretagne in der Seeföhre (Pinus pinaster). Ich klopfte ihn auch schon todt und lebend aus altem Fichtenreisig und glaube mit Sicherheit annehmen zu dürfen, dass er selbst in dieser Holzart noch wird gefunden werden. Nie fand ich ihn im stärkeren Holze, meist dagegen in dürren Aesten, auch Hexenbesen, zugleich mit Hyl. minimus. — Zur Karakterisirung von pityographus und Lichtensteinii hatte Herr Prof. Ratzeburg wohl nicht viele Exemplare zur Hand. — Bei beiden ist die Grösse sehr verschieden, besonders bei Lichtensteinii oft ein Exemplar doppelt so lang als ein anderes. Bei pityographus fand ich nie so grosse Exemplare wie häufig bei Lichtensteinii (ob Zufall?). — Bostrichus pityographus erscheint in der Regel etwas schlanker als der andere. — Die goldgelbe starke Stirnbürste bei pityographus, Männchen, ist untrüglich. Bei Lichtensteinii, Männchen, ist die gräulichgelbe Bürste öfters auch ziemlich dicht, in der Regel aber locker und besteht manchmal nur aus einer Art kreisförmiger Wimper; einzelne Exemplare tragen sogar nur noch ein Paar lange Borsten auf der Stirn. Ein zweites untrügliches Merkmal ist die starke Einschnürung des Halsschildes bei Lichtensteinii. Dagegen bin ich nicht im Stand einen von den Höckerchen desselben abgeleiteten durchgreifenden Unterschied zu erkennen. Auch finde ich oft die Punktirung der Flügeldecken bei pityographus so stark als bei Lichtensteinii. — Der Deckenabsturz aber ist wieder entscheidend. Pityographus hat wie sein Nachbar am Umkreise zu jeder Seite fünf bis sechs borstentragende Höckerchen und eben solche Höckerchen auch längs der Nath. Dasselbe bei Lichtensteinii, Männchen sowohl als Weibchen. — Beim Weibchen sind die Körner, wo nicht stärker, doch keinesfalls geringer. — Der Unterschied liegt darin dass bei pityographus die Nath an der abschüssigen Stelle etwas mehr hervortritt, somit die Rinne daneben tiefer erscheint. Wesentlich endlich und meist schon fürs blosse Auge erkennbar ist bei pityographus die Zuspitzung der Flügeldecken an deren Abfalle. Die des Lichtensteinii sind stumpf. Deshalb erscheint auch grösstentheils der Flügelabfall bei ihm steiler und der ganze Käfer weniger schlank. — Ich besitze ein sonderbares Weibchen von Lichtensteinii mit abnormem Halsschilde. Letzterer hat eine starke Mittellinie und hinten den in unserer Figur bezeichneten Eindruck. — In der Form der Gänge finde ich keine unterscheidende Eigenthümlichkeit. An etwas dickem Holze kommen sie mit denen von chalcographus überein, nur sind die Larvengänge sparsamer, die Rammelkammer nicht erhaben und die Gänge enger. In Zweigen aber kann man sie von denen des Hyles. minimus nicht unterscheiden. — Wo der Käfer bis in die ein- bis zweijährigen Zweige hinausdringt, ist er so beengt dass er selbst bis in's Mark greift. Wo er Platz hat, macht er von der grossen Rammelkammer ab, sternförmig auseinander, sechs bis sieben Aeste welche sich biegen und parallel im Aestchen verlaufen. In sehr dünnen Zweigen beschränkt sich die Rammelkammer auf ein bis in's Mark vertieftes Loch, von dem aus ein, zwei oder drei lange Gängchen in Aestchen verlaufen. Arme des Ganges oft fingerlang. Seitwärts häufig weite Ausbauchungen, worein die einzelnen Eier in braunes Rindemehl gebettet werden. Lange Brutgänge des Mutterkäfers sind in der Regel mit Holzmehl erfüllt. Dieses schneidet bei der Menge in der es vorhanden ist, oft dem Käfer ein für allemal die Rückkehr in die Rammelkammer ab. Ich glaube beobachtet zu haben, dass der Mutterkäfer durch ein Luftloch von fremden Männchen besucht wird, mit diesen eine neue Rammelkammer anlegt, und dass dasselbe Weibchen verschiedene Familien gründen kann.

Bostrichus ramulorum Perris aus den dünnsten Zweigen der Seeföhre halte ich der Beschreibung nach für Lichtensteinii, den ich schon in den vierziger Jahren im westlichen Frankreich in der Seeföhre fand und welchen Perris nicht anführt.[1]

---

[1] Vergl. Kritische Blätter 52. Bd. 1 H. S. 188.

B. abietis Ratz. in der Regel paarweise in seinen platzweisen Muttergängchen. Diese mit braunen Spänen erfüllt, welchen die Eier einfach beigemengt sind. (1856.) — Riegel versichert mit Bestimmtheit, ihn in Gesellschaft des in seiner Gegend überall zu treffenden B. pityographus R. in einem dürren, zu Boden liegenden Tannenstängchen gefunden zu haben.

B. piceae Ratz. Im Jahr 1840 fand ich ihn in einem Stöckeklafter in einer grossen Wurzel, welche ausser mir der Förster und ein Holzhauer für eine Fichtenwurzel erklärten. — Am 28. Juni 1846 war er in einem Haufen mittelstarker Tannen, worin er seine Gänge zum Theil noch auf dem Stocke, zum Theil nach der Fällung angelegt hatte. Die Käfer hatten eben die erste Brut vollendet und bohrten sich in Menge durch kleine Löcher aus der Splintwiege heraus. Im September 1845 sah ich ihn in Menge in den Tannen der Auvergne (Kantal) hausen. — Am 13. April 1846 schwärmte er zahlreich zu Krailsheim um Tannenklafter. — Nach Riegel (forstliche Monatschrift 1856, S. 141) beginnt der Käfer seinen Angriff zuerst im Gipfel der Stämme. — Die Gänge des piceae (Fig. 1) sind platzweise Rammelkammern mit verschiedenen Buchten, manchmal aber auch zu einem nach dieser oder jener Richtung verlaufenden Gängchen sich erweitern. Sie sind locker mit Rindemehl erfüllt, worin man ein Paar Mutterkäfer und die lose liegenden grossen Eier findet. Rammelkammern, Larvengänge und Splintwiegen liegen noch in der Rinde so dass der Splint kaum angefressen wird.

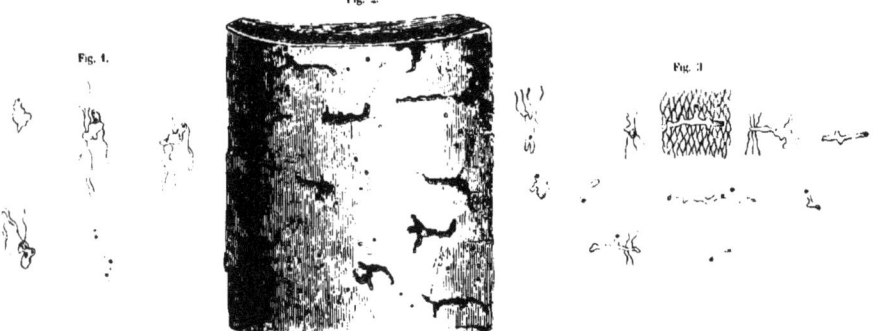

Fig. 1.   Fig. 2.   Fig. 3

B. binodulus Web. ist hier sehr selten. Ich fand ihn und seine Gänge einmal im Jahr 1850 zu Oberstenfeld in bereits liegenden Aspen. Seine in grosser Zahl die Rindeschwarte bedeckenden Gänge waren eigenthümlich, ich möchte sagen „hieroglyphisch". Wie lang es her sein mochte, seit die jungen Käfer ausgeflogen waren, konnte ich nicht bestimmen. Nur ein Dutzend Nachzügler fand ich noch in den beiden Stämmen. Ich denke mir dass die Brutgänge dicht unter der Oberhaut der Rinde angelegt werden, weil die angeführten Gänge, ohne Zweifel nachdem die Oberhaut verloren gegangen, gegen aussen ganz offen standen. Die Larven wühlen im Innern der Rinde. Die Fläche zwischen Bast und Holz war von Larvengängen des Agrilus nocivus ganz in Anspruch genommen. (Fig. 2.)

Auch aus der Rinde eines trockenen Stücks Weidenholz, von Turin (mit dem zweifelhaften Namen Salix argentea bezeichnet, obgleich mit cortex citrinus wie bei daphnoides V.), von der Pariser Ausstellung 1867 herrührend, entwickelten sich zahlreiche binodulus.

B. tiliae F. findet sich nach Porris, ausser in dem Baume der zu seinem Namen Anlass gab, in Hibiscus syriacus. Die Gänge (Fig. 3) des Käfers verlaufen im Bast und meist so dass sie beim Abreissen der Rinde nicht zum Vorscheine kommen. In der Mehrzahl sind sie horizontal. Die normalsten scheinen mir ein- oder zweiarmige Wagegänge zu sein. Die Larvengänge verlaufen von den Muttergängen aus auf- und abwärts hauptsächlich in den erweiterten Markstrahlen. In einigen Fällen und zwar an Stellen wo die Käfer einander nicht beengten, fand ich Lothgänge. — Die Muttergänge waren von einer Seite herein bis in die Mitte mit Mehl erfüllt. — Beim Aushöhlen des Gangs durchbricht der Käfer oft die Epidermis, jedoch ohne Absicht, denn die entstandenen Löcher (nicht das runde Bohrloch) sind meistens unregelmässig. — Die Generation scheint einjährig.

B. lineatus Gyll. kommt auch in der Weymouthsföhre und gern in der Lärche vor. Am 15. Juni 1849 fand ich zu Hohenheim in einem Fichtenfangbaum, in einem Gang von lineatus, Puppen, Larven und Eier. Zu Kirchheim verliess die junge Brut in Föhren ihre Gänge bereits in den ersten Tagen des Juli 1849.

Trotz grosser Aufmerksamkeit war ich nicht im Stande zu ermitteln, wie eigentlich die Ernährung der Larve stattfindet. Doch bemerkte ich dass bei einer Reihe von Larvenzellen zwischen der Larve und dem Muttergang ein kleines rundes, die schwarze Masse des Ganges unterbrechendes Loch die Verbindung herstellt. Durch die Loupe konnte man die Bewegung der Larven in ihren Zellen sehen. Merkwürdiger Weise kehrten sie den Kopf dem Muttergange zu und kauten sichtbarlich kleine Holzstückchen. Die Vermuthung liegt daher sehr nahe, dass der Mutterkäfer bei der Ernährung der Larven nicht unbetheiligt sei. Möglicherweise ernähren sich die letzteren grösstentheils von dem Holzmehl das der Mutterkäfer beständig durch die Gänge schiebt und das somit durch die kleinen Oeffnungen in die Larvenzellen fallen muss, wie sie andererseits ihren Unrath in den vom Mutterkäfer befahrenen Hauptgang zu leeren scheinen. Ich fand irgendwo Zweifel darüber ausgesprochen ob die Larven die Zellen (Wiegen) sogleich nach dem Auskriechen anlegen. Ich kann solches mit Bestimmtheit versichern. In den vor mir liegenden Holzstücken sind Zellen von jeder Grösse, doch diejenigen der jüngsten Lärvchen nicht so länglich wie die von den grossen. — Wohl seit hundert Jahren ist bei den Vogesenbewohnern bekannt, dass das Entrinden der Stämme zur Saftzeit ein sicheres Mittel gegen die Verheerungen des B. lineatus ist. Dass das blosse Berappeln oder unvollständige Abhauen der Rinde nicht hinreicht, um den Käfer abzuhalten, davon habe ich mich auf dem Schwarzwald überzeugt. Unter den noch berindeten Stellen waren zahlreiche tiefgehende Gänge. — Hinsichtlich seines Vorkommens im Laubholze siehe domesticus.

B. domesticus L. Die Unterscheidungsmerkmale von domesticus und lineatus Gyll. scheinen mir noch nicht fest begründet. Wenigstens ist der Eindruck neben der Nath, selbst bei einem von Prof. Ratzeburg herstammenden Exemplare, wenig oder gar nicht vorhanden. Dasselbe gilt von einem andern das ich bei Aarau (Schweiz) in einem Eichtrumme (zugleich mit Saxesenii) in seinem Gange fand. Von den mit Börstchen besetzten Reihen von Höckerchen am Deckenabfall und andern Merkmalen spreche ich nicht, weil zu einer gründlichen Untersuchung eine grosse Anzahl Exemplare nöthig wäre, die mir abgeht. — Wäre vielleicht domesticus, der Bewohner von Laubhölzern, nichts als eine typische Spielart des Nadelholzbewohners lineatus, so könnten sich Angaben wie diejenige vom Vorkommen des letzteren im Laubholz, d. h. in Birke und Haine,[1] aus der Schwierigkeit der Diagnose bei sparsamer Zahl von Exemplaren erklären. Im Februar 1846 fand ihn Herr Stud. Weishaar im gemeinen Ahorn (pseudopl.), wo er sich noch in den Gängen des vorhergegangenen Jahres aufhielt. In abgestandenen Birkendurchforstungsstangen findet man nicht selten seine Leitergänge. Vor Jahren schon[2] berichtete ich über einen Fall wo sich in einer noch grünen Birke im Juni Gänge von domesticus mit lebenden Mutterkäfern seit dem Vorjahre befanden, woraus sich reichlicher braunrother Saft ergossen hatte und zur angegebenen Jahreszeit noch im Stamme 41 bis 42 %/₀ Saft steckte. — Seine Leitergänge fand ich im Sommer 1850 zu Kreuth in Tirol in grosser Menge in alten am Boden liegenden starken Stämmen von Mehlbaum (Pyrus aria). Besonders die Oberfläche des Splints war mit meist horizontalen Gängen ohne Brut besetzt, welche die jungen Käfer angelegt haben möchten. Die wie gewöhnlich zellenreichen Brutgänge verliefen bald nach den Jahresringen, bald nach den Markstrahlen. — Zu Enzklösterle war er in einem gefällten gesunden Kirschbaum an der Strasse. Juni 1878. — Endlich wurde er von Ziegler (v. Heyden) zu Frankfurt öfters in Robinien gefunden. — B. monographus F. nach Perris auch in der Erle. Bei v. Heyden ein Weibchen unter Buchenrinde.

---

[1] Kritische Blätter. 52. Bd. II, S. 211.
[2] Kritische Blätter. 16, Bd II, S 258.

B. **eurygraphus** Er. ist nach Perris für die Seeföhre, was monographus, dryographus und Platypus für die Eiche und Bostrichus lineatus für die Nadelhölzer. Er geht fast nur alte Föhren an. Ende Mai und Anfangs Juni verräth er sein Vorhandensein durch weisses Holzmehl das er in Menge aus seinen Brutgängen stösst. Diese dringen durch die Ringe senkrecht auf die Faserurichtung oder etwas schief, aber selten bis in's Kernholz. Ausnahmsweise dringt der Mutterkäfer in Klötze auch vom Sägeschnitt aus ein. Man findet im Gange gewöhnlich nur einzelne oder zwei Weibchen und kann selbst in vollendeten Bruten mit mehr als fünfzig Weibchen vergeblich nach einem einzigen Männchen suchen. Perris schliesst daraus dass ein einziges Männchen verschiedene Weibchen befruchtet und die Begattung ausserhalb des Ganges vor sich geht. Auf zwei bis fünf Zent Tiefe gedrungen legt das Weibchen einen einfachen oder doppelarmigen Wagegang an, welche Arbeit wie bei Saxesenii gewöhnlich nach Weiterverlängerung des ursprünglichen wiederholt wird. Das Weibchen legt an den Eingang der Wagegänge kleinere oder grössere Eiergruppen. Die daraus entstandenen Larven vertheilen sich nach einiger Zeit in regelmässiger Linie, langsam im Gange vorrückend, aber ohne das Holz anzugreifen. Sie leben vielmehr von dem Safte den der Splint nach den Gängen ausschwitzt. Nach Verfluss von drei Monaten geht die Verwandlung vor sich, wobei die in der Reihe liegenden früher entwickelten durch ihre nachbarlichen Larven nicht beunruhigt werden. Aehnlich wird die Entwicklung der Larven bei monographus und Platypus erfolgen. Einfache Generation.

B. **Saxesenii** Ratz. Die Unterscheidung von Saxesenii-Weibchen und dryographus Er. dürfte noch zu erweitern sein. Saxesenii ist stets kleiner und weniger gedrungen als dryographus, dagegen ist sein Hals gegen vorn im Verhältnisse breiter als bei letzterem. Die Punktirung des Halsschilds meist durch einen harzigen, einen gewissen Glanz verleihenden Ueberzug verdeckt. Nimmt man diesen durch Weingeist weg, so findet man viele Börstchen, die entweder auf dem glatten Halse frei oder auf ziemlich zahlreichen Pünktchen (kleinen Grübchen) stehen. Flügeldecken bei Saxesenii gegen hinten merklich schmäler zulaufend als bei dryographus. Das Männchen von Saxesenii, obgleich man es hie und da in Sammlungen stecken sieht, scheint noch nicht beschrieben worden zu sein, vielleicht weil es verhältnissmässig in sehr geringer Anzahl auftritt. Es kommen im Durchschnitt gegen dreissig Weibchen auf ein Männchen. Die letzteren haben nur zwei Drittel der Länge des andern Geschlechts und erinnern durch ihre Form an die Männchen von dispar. — Thorax platt, ebenso die gekrümmten, schwach abschüssigen Flügeldecken, somit der ganze Körper auffallend flach. Farbe bei allen weniger hellbraun. In der Skulptur viele Aehnlichkeit mit dem Weibchen. Auch bei ihm fehlt die zweite Reihe Höckerchen am Absturze der Flügeldecken. — Der Käfer lebt ausser den von Ratzeburg angegebenen Bäumen noch in der Eiche, dem Ahorn und der Linde. — Im August 1841 beobachtete ich ihn in einem Fichtenstock in Gesellschaft von Bostrichus lineatus, laricis, pusillus, autographus und Pissodes notatus. Es waren schon gelb gefärbte Puppen vorhanden, die ein paar Tage später ausschlüpften. Der Käfer hatte demnach wohl früh im Jahre geheckt. Uebrigens dauert die Brut den ganzen Sommer über. Selbst im September traf ich frische Gänge ohne Eier, und im Dezember noch einzelne Larven. — Das Bohrloch macht der Mutterkäfer in die Rinde wo es ihm gefällt, ohne sich an Rindenschuppen oder Ritzen zu binden. Besonders gern befällt er aber Stellen am Stamm, wo die Rinde durch Verletzungen und dergleichen gelitten hatte, mag auch das darunter liegende Holz noch recht gesund sein. Dass der Käfer auch Stellen angeht wo die Rinde schon abgelöst ist, macht die Beobachtung an einer von Saxesenii bewohnten Eiche wahrscheinlich. Die Rinde schien dort schon lange zu fehlen. Erste Begattung wahrscheinlich ausserhalb des Gangs, weil letzterer am Eingang so eng ist dass wohl keine zwei Käfer den nöthigen Raum finden, oder vielleicht noch in dem Familiengang, worin der Käfer erwachsen war. — Die Gänge des Insekts wollen wir Leiterwagegänge heissen. Bei ihrer Anlegung bohrt das Mutterinsekt zuerst senkrecht gegen die Axe des Stammes, meistens in Einer Linie, manchmal jedoch gabelt es diese. Ist es einige Holzringe tief gedrungen, so untersucht es durch kleine wagrechte Gänge rechts, links oder zu beiden Seiten, ob die Oertlichkeit für eine Brut günstig sei. Im letzteren Falle wird der Probirgang zur Eierablegung benützt. Die angeführten wagrechten Gänge werden stets in dem weichsten Holze der Jahrringe, unmittelbar vor dem harten Theil des nächstliegenden innern angelegt. Sagen dem Käfer die Probirgänge nicht zu, so geht er einen oder ein Paar Jahresringe tiefer, probirt wieder durch ein Paar Gänge, im Nothfall ein drittes Mal auf dieselbe Art. — In dem von mir untersuchten Fichtenstämme lagen häufig die Brutplätze zwischen dem dritten und achten Jahrring. Bebrütet der Käfer mehrere Gänge, so wählt er z. B. den vierten, sechsten, siebenten oder vierten, sechsten, achten etc. Holzring. Ein Arm des Gangs enthält oft blos einige, ein anderer viele Eier. Ist auch die Brut schon ziemlich gross geworden, so

setzt der Käfer das Bohrgeschäft doch immer noch fort. Zuerst legt er seine Eier da oder dort in einen Horizontalgang nachlässig auf ein Häufchen, und zwar nach und nach, denn man findet in demselben Häufchen später Eier und Lärvchen gemischt. Diese Lärvchen fressen gesellschaftlich in den wagerechten Gängen gegen oben und unten. Bald haben sie dieselben, die im Anfang gerade die Weite des Leibs des Mutterkäfers zeigen, zu grossen Buchten gefressen. So lange die Larven vorhanden sind, ja sogar wenn die meisten sich schon in Käfer umgewandelt haben, ist blos der einzige Mutterkäfer da, um regellos unter die schon vorhandenen Larven, Puppen und Käfer, welche meistens alle zugleich sich finden, oder in Gangverlängerungen, Eier zu legen. Nebenbei oder hauptsächlich beschäftigt er sich aber mit der Reinigung der Gänge von Holzmehl und Unrath der zahlreichen Familienglieder und dem bei der Gangverlängerung entstandenen Bohrmehl. Dabei rastet er keinen Augenblick. Nur wenn man ihn stört, zieht er sich unter seine Jungen zurück. Die Larven erweitern den Gang nach oben und unten blos bis zu Larvendicke. Sonst könnten sie ja darin nicht hin- und herkriechen. Dafür wird aber der Gang bei Fingerlänge oft fast so hoch als ein Finger breit ist. Zuweilen gehen die sehr beweglichen Larven selbst gegen das Bohrloch heraus und erweitern auch diesen Gang. In allen Räumen herrscht Reinlich-

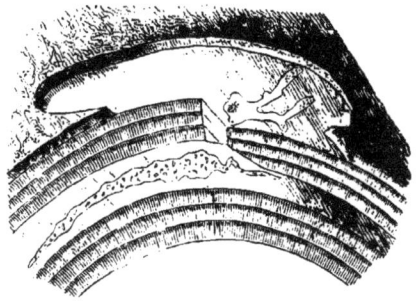

keit, aber keine Ordnung. Unrath sieht man fast nicht und begreift dies blos durch die grosse Geschäftigkeit des ausräumenden Mutterkäfers. Vor dem Bohrloch hängt in der Regel ein ganzer Haufen weissen Mehls. Geht der Mutterkäfer zu Grunde, so übernimmt wahrscheinlich ein junger Käfer dieses Geschäft, denn ich fand einmal an der Stelle des alten einen jungen, noch hellgefärbten Käfer, nicht etwa im Ausfliegen durch's Bohrloch begriffen, sondern mit dem Kopfe nach innen gekehrt. — Alle Gänge hatten eine schwarze Farbe, was anfänglich von einer Zersetzung des Holzes gekommen sein musste, denn auch jeder sonstige Riss an dem Stocke war an der Luft schwarz angelaufen. Dabei waren die Larvengänge mit einer schwarzen trockenen, schiesspulverähnlichen Substanz überzogen, welche einige Dicke besass, so dass man sie abschaben konnte. Es schien mir erst Unrath zu sein, der sich beim Hin- und Herrutschen der Larven an die schwarzgefärbte Wand andrückte und hier durch mechanische Mittheilung der schwarzen Farbe und durch Ansteckung vom schwarz gewordenen Holze sich färbte. Auch Schmidberger's Ambrosia des Bostrichus dispar in Apfelbäumen schien mir nichts anderes zu sein. Die neuern Beobachtungen an B. lineatus, eurygraphus u. s. w. machen mich jedoch stutzig und will ich nicht bestreiten dass ausschwitzender Saft und Pilzbildung für die Larven Nahrung sein können. Eier, junge und alte Larven, Puppen und Käfer sind sehr verträglich. Alles liegt, wie schon bemerkt, bunt durch einander. Ein Paar Larven die sich bewegen, müssen alle benachbarten auf die Seite stossen. Oefters enthält ein Gang lauter oder beinahe lauter junge Käfer und diese verlassen den Gang sehr spät. Ich fand wenigstens nach Vierteljahren und den Winter über die Käfer noch beisammen. Dieselbe Beobachtung auch bei Saxesenii im Ahorn. Zahl der Individuen in einem vollkommenen Gang 80 bis 120 (Eier, Larven, Puppen, Käfer). Die in sehr geringer Zahl vorhandenen Männchen sind lebhaft und beweglich: ich bemerkte sie mehrmals mitten unter den Weibchen mit herausgereckter Ruthe, somit ist es nicht unwahrscheinlich, dass die Begattung der Käfer im Muttergange vor sich geht. Am 21. Mai 1842 untersuchte ich die Gänge in dem Fichtenstocke wieder. Es liefen aussen am Stamm einige junge Käfer herum. Die Gänge mussten schon seit einiger Zeit verlassen worden sein, denn blos in dem einen derselben waren noch 3 bis 4 weibliche Käfer zurück. Den Ausgang hatten die andern durch's Bohrloch genommen. — Die vorstehende Schilderung der Lebensweise des Kerfs macht eine nähere Erklärung der beigegebenen Zeichnungen überflüssig. — Saxesenii kommt in Gesellschaft des Bostrichus dispar auch in Koelreuteria paniculata vor. Im Frühling 1849 hatte ich ein solches Stämmchen zu Hohenheim gepflanzt, und schon im Juli desselben Jahrs befanden sich darin die Gänge des Saxesenii mit einer Menge Larven und Eier. — Ausserdem fand ich ihn zu Stuttgart in Rosskastanien (Aesculus hippocastanum), in Tirol in gefällten starken Kirschbäumen, zu Hohenheim 1861 in einem faulen Vogelbeerbaum, in Aspen zusammen mit binodulus (1866). Ich beobachtete ihn laufend, wahrscheinlich um zu brüten, auf einer abständigen Buche (1866). Früher sah ich ihn zu Hohenheim mit dispar in Apfelbäumen, daselbst mit dryographus in Eichen, und im Juli 1856 zu Hohenheim in einer abständigen Ulme. Nach Perris ist er auch in Erle. — Endlich fand ich seine Brutgänge im Juli 1851 zu Hohenheim in der Lärche.

B. dispar Hellw. Von Herrn Prof. Mathieu zu Nanzig in der Platane gefunden; von Herrn Prof. Fischbach in der Edelkastanie, von mir zu Hohenheim im Ahorn (Acer pseudoplatanus) an einer kranken Stelle des Stammes; in Koelreuteria, die Gänge von Larven ganz erfüllt; mit Saxesenii in Rosskastanien; zu Oberstenfeld in Hainen. Die Begattung des Käfers fand oft unter meinen Augen beim ersten Frühlingswetter in den Gängen und ausserhalb Statt. Sogar im Tod trennte sich ein Paar nicht. Ohne Zweifel hat der Käfer vollkommen einjährige Generation. Im März 1846 strotzten noch von Käfern die im Jahr zuvor angelegten Gänge.

Platypus cylindrus F. wie in der Eiche so auch in der Edelkastanie.

Capricornia.

Cerambyx (Spondylis) buprestoides L. Aus Korsika besonders gross. — Nach Herrn Boulard zu Paris auch in den Wurzeln der Eiche sich entwickelnd. Scheint ausserdem in Fichten zu leben; ich fand ihn wenigstens auf einem Fichtenblocke kriechend und auf einem Holzplatze fliegend, wo blos Fichtenholz aufgepoltert war. In Menge in der Seeföhre (Pinaster) in Bordeaux. Dort nach Perris in einfacher Generation. — C. (Prionus) faber L. Sehr häufig in den Stöcken von Pinus pinaster der Landes bei Bordeaux. Im September 1855 traf ich nur noch einige Käfer, einen aber der noch zu legen schien. Dagegen äusserst häufig die durch ihre Grösse sehr ansehnliche Larve. — Nach Perris ist dieser Käfer von zweijähriger Entwicklungsdauer, der einzigen Ausnahme nach ihm von der sonstigen einfachen Generation aller ihm bekannten Bockkäfer der Seeföhre. — C. (P.) coriarius L., zu Hohenheim öfters im Juli und August fliegend. — Auch zu Herrenalb sehr häufig. Hier vielleicht in Tannen. Nach v. Heyden in Buchenstämmen. — C. (P.) scabricornis Scop., nach v. Heyden im Frankfurter Wald an alten Buchen. — C. cerdo Scop. 1843 als grosse Larve in einem Apfelbaum. Mag auch die Trockenheit des Holzes in dem ich sie aufbewahrte etwas ausgemacht haben, jedenfalls ist merkwürdig dass der Käfer erst im Mai 1847 sich entwickelte. Auch aus Ulme kam eine im August 1856 eingezwingerte Larve erst im Frühjahr 1858 als Käfer heraus. Ende Juni 1879 zu Grüneberghof in

Anzahl auf einem liegenden Nussbaume, wohl um zu brüten. — C. moschatus L., nach Herrn Stud., jetzt Oberförster Rau, auf der Alb in Gesellschaft von Hornissen und Lucanus parallelepipedus am Safte von Birken- und Ahornwunden.

Cerambyx Scopolii Füssly nach v. Heyden an alten Edelkastanien und in Buchen des Taunus. — C. Kähleri L. nach Herrn A. Keller zu Reutlingen ohne Zweifel in den Pfirsichbäumen der Weinberge, nach v. Homeyer am Aprikosenbaum und nach Schmitt öfters an Weiden. — C. alpinus L. lebt auf der schwäbischen Alb an einigen Orten, z. B. in der Gegend von Urach und Reutlingen, in alten anbrüchigen Waidbuchen. Der Käfer erscheint im Juli. J. Nördlinger, der als Forstgeometer die ersten Jahre dieses Jahrhunderts zu Offenhausen und Heidenheim zubrachte, hatte den Käfer schon damals in seiner Sammlung. Einzeln bei Biebrich, Schlangenbad und auf der Platte bei Wiesbaden gefunden. (v. Heyden.)

C. (Callidium) rusticus L., häufig bei Bordeaux in einfacher Generation Stöcke von Pinus pinaster bewohnend. — C. (C.) bajulus L. Im Juni 1846 bemerkte ich bajulus an einem alten tannenen Fensterladen. Er suchte mit der Legröhre überall Ritzen auf, wahrscheinlich um seine Brut unterzubringen. Deshalb vermag ich nicht zu glauben was Perris möglich findet, dass nämlich die Käfer sich im Innern des Holzes begatten können, weil bei ihm aus einem vergipsten Balken 8 bis 9 Jahre lang Käfer hervorgingen. Eher wird die Erklärung der Thatsache in der die Entwicklung verlangsamenden Trockenheit des vom Käfer bewohnten Seeföhrenbalkens zu suchen sein. — Der Käfer gehört zu denjenigen Kerfen, welche oft in den Häusern das Holzwerk zernagen und dann mit Hinterlassung zahlreicher Löcher in demselben durch die Fenster zu entweichen suchen. — Wir können diejenigen welche das Holz der Gebäude zerstören, in zwei Klassen bringen. Die eine umfasst alle welche, nach Art der Anobien und des in Frage stehenden bajulus, ihre Eier an Ort und Stelle, also in Magazinen oder Häusern selbst niederlegen. Die andere begreift ohne Zweifel Apate capucina, Ptilinus pectinicornis, Tharops, Lyctus zum Theil, und viele Cerambyx-Arten. Sie legen ihre Eier in den Schlägen auf das frischgefällte Holz. Man findet sie daher in mehr oder minder grosser Anzahl auf den gefällten Stämmen herumlaufend. Haben sie eine mehrjährige Generation, so haust ihre Brut oft lang unbemerkt im Gebälke. — C. (C.) luridus F., auch in Lärchenfangbäumen, Hohenheim, Mai 1848.

C. (C.) alni L. Im Mai 1843 zu Grand-Jouan in der Bretagne unter Eichenrinde in der Wiege. Auch bei v. Heyden an Eichenholz. — C. (C.) barbipes Dahl. Ein Stück im Juni 1849 auf der Rückseite eines Eichblattes, ein Paar an faulem von Kerfen verbohrten Holz eines alten Ahorns sitzend, und einmal im Juli oder August aus faulem Ulmenholz in Tirol sich entwickelnd, wie bei v. Heyden. Im Jahr 1870 aus faulem Holze von Acer dasycarpum erzogen und 1871 und 1874 im Juni und Juli aus faulem Platanenholze. — C. (C.) femoratus L. an einer Eichenhecke, Mai 1868. — C. (C.) rufipes F. aus dürren Pflaumenzweigen. (v. Heyden.)

C. (C.) striatus F., aus Föhren und Fichten. Hohenheim. Weil im Mai 1867 in Anzahl an morschen Eichenobststützen sitzend, wohl auch in Eichen brütend. Die Varietät agrestis F. von L. v. Heyden an Birken wurzeln gefunden. — C. (C.) violaceus L. in dürren erlenen Baumstützen. Hohenheim, 31. Mai 1849, in Lärchen- und in Föhrenholz in einem Magazin, in dürren Weymouthsföhren im Wald. 1879 Mai. — C. (C.) dilatatus Payk. Zu Hohenheim, verschiedene Mal aus altem Fichtenholze gekommen. — C. (C.) sanguineus L., nach v. Heyden zu Frankfurt wiederholt an Eichen und, so weit ich mich zu erinnern glaube, in der Bretagne häufig auch an Edelkastanien. — C. (C.) variabilis L. (fennicus L). Im Jahr 1843 zu Grand-Jouan in einem Stocke von Castanea vesca gefunden, aber erst im Jahr 1846 zu Hohenheim entwickelt. In Holzersammlungen sich ausserordentlich vermehrend und schliesslich fast in allem Laubholze wie Buche, Hainc, Ulme, Kirschbaum, Hasel, Pyrus, Crataegus und Sorbusarten, Juglans nigra und Clematis vitalba, die Rinde unterwühlend und öfters tief in's Holz eingreifend.

C. (C.) adspersus Muls. in Menge mit Tillus unifasciatus aus dürren Eichenasten von Nanzig und in kleinerer Form zu Hohenheim 1869 aus dürren Aesten von Weymouthsföhre erzogen. — C. (C.) abdominalis Bon. sparsam aus genannten Nanziger Eichenzweigen hervorgegangen. — C. (Exocentrus) balteatus L. nach Rosenhauer in Aesten dürrer Eichen. — C. (Obrium) brunneus F. von mir 1871 aus Weymouthsföhrenholz erzogen, von Herrn L. von Heyden auf Fichte gefunden. — C. (O.) cantharinum L. öfters aus Eichenholz erzogen. (v. Heyden.) — C. (Gracilia) pygmaeus F. hat nach v. Heyden zwei Generationen im Jahr. Ausser in Weidengeflechte hauste das Käferchen in einigen kolumbischen Hölzern, auch in Laurus indica meiner Sammlungen, endlich in aufbewahrter Eichenglanzrinde.

Käfer.

C. (Lamia) aedilis L. Einer der frühesten Forstkäfer, der schon in den ersten warmen Frühlingstagen mit Hylesinus piniperda auf allen Föhrenstöcken erscheint. Man kann ihn unschwer beim Eierlegen beobachten. Er treibt seine sehr lange und ganz weich endigende Legröhre so tief durch Ritzen in die Rinde hinein, dass man erstere abreisst, wenn man sie nicht mit Sorgfalt herauslöst. Die frischgelegten Eier ganz weich, gelblich weiss, ohne alle sichtbare Textur. _ Zu La Teste in den Landes von Bordeaux, im September 1855, in Menge unter der Rinde von **Pinus pinaster**, und zwar ganz fertig in der Wiege, doch auch ein Theil schon ausgeflogen. Die Hölzer waren im Mai geschlagen worden. Deshalb lässt sich über die Entwicklungsdauer des Käfers in der dortigen Gegend nur der Schluss machen, dass sie nicht mehr als 4 Monate betrage.

C. (L.) griseus F., nicht in Stöcken wie aedilis, sondern in Stämmen der Seeföhre. _ **C. (L.) sutor und sartor F.**, deren Diagnose mir übrigens in mehreren Exemplaren sehr schwer wird, sind in Tirol die auffallendsten Holzkäfer, die man im Juni und Juli in ungemeiner Menge auf allen liegenden Fichtenstämmen, in der Begattung und Eier legend, sich umtreiben sieht. Riegel fand sie im Ellwanger Wald an liegenden Föhren.

Cerambyx (Lamia) varius F. bei Grafeneck in Menge Ende Juni 1872 an sonnenbrandigen Buchen, woraus er sich entwickelt hatte. Von Stern zu Frankfurt aus Eichenholz erzogen. (v. Heyden.) - **C. (L.) gallo provincialis Ol.** aus Föhrenholz des Frankfurter Waldes (v. Heyden) und in Stämmen der Seeföhre. (Perris.) — **C. (L.) (Leiopus) nebulosus L.** In grosser Menge in kränklichen Hainen (Alleebäumen und Hecken). Auskriechen Anfangs Juni. Auch in Erlen-Obstbaumstutzen, die im Sommer 1847 gehauen worden waren. Entwicklung 1849. Herr Forstrath Fischbach erinnert sich sehr deutlich, ihn schon vor Jahren in einer anbrüchigen Birke zu Stetten im Remsthal gefunden zu haben. Ferner kroch er mir aus dürren **Ahornästen** und zu Kreuth Ende Juli 1850 aus jungen abständigen Ahornstämmchen aus. Ein todtes Stück fand ich in der Wiege unter der Rinde einer abständigen Ulme. Nach v. Heyden auch aus Eichenholz. Ferner erzog ich ihn im Sommer 1856 aus einem Stück Feigenbaumholz (aus Turin), das auf der Pariser Ausstellung von 1855 figurirt hatte. Seine Entwicklung wäre demnach vermuthlich mehrjährig. Ein Paar Käfer klopfte ich im Juli 1850 zu Kreuth von dürren Buchenästen herab und muthmasste daher, dass nebulosus auch in Buchen brüte. Unterdessen hat ihn v. Heyden aus dieser Holzart erzogen. — **C. (Exocentrus) lusitanus L.** nach v. Heyden aus Lindenholz, aus Birkenreisern erzogen und an Ulmen gefunden. — **C. (Mesosa) nebulosus F.** Nach v. Heyden aus dürrem Holze von Buchen, Hainen, Aspen, vielleicht selbst Eichen. — **C. (M.) curculionoides L.** von Herrn v. Heyden aus alten Buchen erhalten. Zweifellos rühren von ihr die groben Gänge und Eckelkastanie (Castanea vesca) und der Weymouthsföhre erzogen. — **C. (P.) hispidus L.** haust in dürren Linden- und Ulmenästen, wie in den blutlauskranken knotigen Aesten des Apfelbaums. (Hohenheim 1840.) Auf dem Schwarzwald im Ephen, wo ihn auch v. Heyden angibt. — **C. (P.) ovalis Götz**, aus Föhren- und Fichtenholz. (v. Heyden.)

C. (Saperda) carcharias L. In kleinen Käferexemplaren in ziemlicher Anzahl auf **Weiden**. Juni 1840. Im September 1874 auf einem Aspenausschlage, von dessen Blättern er, aus der Masse vorhandener Exkremente zu schliessen, reichlich gefressen hatte. _ **C. (S.) populneus L.**, manchmal auch in Silberpappelästen im Walde. _ **C. (S.) scalaris L.**, nach v. Heyden auch in Buchen und Aspen. _ **C. (S.) perforatus Pall.** bei v. Heyden in Menge aus Aspenholz.

Cerambyx (S.) oculatus L. findet man als Käfer meist einzeln im Nachsommer am Gipfel von starken Schossen der Sale. Untersucht man näher, so findet man dass er sich hier durch Benagen der Rinde an den jüngsten Schlosse genährt hat. So Ende August 1860 zu Herrenalb. — **C. (S.) pupillatus Schh.** fand Herr Prof. Jäger auf Lonicera tatarica sitzend. Zweifellos rühren von ihr die groben Gänge und Eckelkastanie (Castanea vesca) und der Weymouthsföhre erzogen. — **C. (S.) praeustus L.** Auch im Gipfel junger Eschen, welche vom Ringeln durch Hornisse zum Absterben gebracht worden waren. Entwicklung Ende Mais. Im Vorsommer 1867 sah ich ihn eines Tages in Anzahl um einen Salenbusch schwärmen. Ein Zeichen dass er auch in dieser Holzart haust. In der That gibt v. Heyden als Wohnhölzer des Kerfs neben Pulverholz und Schlehen auch Salen an. — **C. (Hesperophanes) mixtus F.** aus Eichenholz. (v. Heyden.) — **C. (Nothorina) muricatus Dalm.** an einer Buche. — **C. (Clytus) arietis L.** Zu Hohenheim aus Holz von Cercis canadensis erzogen. Da dieses im Herbst 1851 gefällt worden war, hat der Käfer wahrscheinlich im Juni 1852 gebrütet, und es wäre somit die Generation, weil der junge Käfer im Juni 1854 auskam, eine zweijährige. — Aus Rosenstämmchen erzog ich ihn im Mai, ebenfalls zu Hohenheim. Ende Juni 1879 zu Grüneberghof in Mehrzahl auf einem liegenden Nussbaume, vermuthlich um zu brüten. — **C. (C.) ornatus F?** Jedenfalls dem ornatus sehr verwandt. Der Unterschied besteht nur darin dass die grüne Gabelbinde an der Nath schmäler als sonst, auch der von schwarzem Bogen umfasste grüne Fleck an der Schulterecke in einem blossen Strich zusammengeschmolzen ist. — Todt aus seinem Larvengang im Splint der sibirischen **Tamarix laxa Willd.**, die ich von Herrn General Polovzoff aus St. Petersburg erhalten hatte. — **C. (C.) rusticus L.** an alten Buchenstämmen. (v. Heyden.) — **C. (C.) mysticus L.** aus Holz von Massholder. (v. Heyden.) — C. (Molorchus) abbreviatus F. Bei Ludwigsburg in anbrüchigen Allee hainen. Nach Herrn Boulard zu Paris in Ulmen. Nach v. Heyden in Hainen und Buchen. — C. (M.) salicis Muls., in Aspen, Weiden und Kirschbäumen lebend, dürfte der Käfer angehören den Herr Eichler am 7. August 1856 hier an einem Weidenbaum fand, mit einem Theil des Hinterleibs in einer Rindekluft steckend, also offenbar im Brutgeschäfte begriffen. — C. (M.) umbellatarum L. Im Mai zu Hohenheim aus Apfelzweigen erzogen. — C. (Stenostola) nigripes F. aus dem Stamme von Amelanchier vulgaris aus dem obern Donauthal erhalten. — Im Sommer 1871 von Herrn v. Arbesser an Linden auf der Alb gefunden.

C. (Rhagium) mordax T. Nach Böttger (v. Heyden) auch in anbrüchigen Birken. — C. (Rh.) dispar Pz. Für nichts andres kann ich die mir von Herrn Oberforstrath v. Hahn überschickten, in Gängen unter Buchenrinde gefundenen Flügeldecken halten. — C. (Rh.) inquisitor L., von einem meiner Schüler, Herrn Kirchner, im März in grosser Zahl als frischer Käfer unter der Rinde einer auf dem Stock eingegangenen Eiche und ein Exemplar unter der Rinde eines dürren Vogelbeerbaums gefunden. — Nach v. Heyden auch in Edelkastanien. — C. (Rh.) indagator F. Auch unter Föhrenrinde und nach Perris einzige in der Seeföhre vorkommende Art, von einfacher Generation. — C. (Rh.) bifasciatus F. in Edelkastanie, Föhre und Fichte (v. Heyden). — C. (Rh.) salicis F. fehlt hier fast gänzlich. Ich fand ihn ein einziges Mal zu Berg an einer Pappel, wo ihn auch v. Heyden anführt, der aber als Wohnbäume auch Linden, Buchen, Ahorn, Nussbäume, Eichen und Ulmen nennt. — Im Tirol fällt die Masse Rhagien (cursor F., inquisitor etc.) auf, die man in den Schlägen auf Nadelholzstämmen und besonders auch auf Blüthen von Senecio und dergleichen Stauden findet. — C. (Leptura) rubro-testaceus Ill., nach Perris häufig in Seeföhrenstocken.

Cerambyx (Leptura) quadrifasciatus L. Aus morschem Holze von Populus canadensis erzogen, wobei die Larve zu ihrer Entwicklung mehrere Jahre brauchte. Später, im Jahr 1869, aus faulem Birkenholze. Puppe Mai bis Juni. Käfer Juni bis Ende Juli. — C. (L.) rubro-testaceus Ill. Ende August 1847 mehrere Weibchen an der untern Seite eines Weymouthsföhrenfangbaums, offenbar uns in diesem zu brüten. In der gemeinen Föhre häufig. Auch häufig im Altdorfer Wald, wo die Fichte bei Weitem vorherrscht. Ferner sonst nu Fichtenstöcken sitzend und, Juli 1863, aus stehenden, im Innern rothfaulen Fichten erzogen. Endlich, nach Riegel, im Schwarzwalde gemein in Tannenstöcken. — C. (L.) laevis F. An der Rinde starker Massholderstämme (Acer campestre) bemerkt man Löcher welche mit Gängen in den innern Rindeschichten zusammenhängen. Die kurzfüssigen Bockkäferlarven die darin stecken, verpuppen sich im April. Die Puppen gehen aber in Stammen wegen der starken Austrocknung der Rinde in der Regel zu Grund. In den Stammen im Freien waren am 10. Mai 1856 noch Puppen, die Mehrzahl jedoch bereits in junge Käfer umgewandelt. — C. (L.) femoratus F. nach v. Heyden an Föhrenholz. — C. (L.) revestitus L. im Juni 1859 an den rindelosen Stellen einer Eiche kriechend, bei v. Heyden an dürrem Buchenholz. — C. (L.) scutellatus F. von Herrn Oberforstrath v. Hahn aus Buchenholz erzogen. — C. (L.) erythropterus Hgb. an einer alten Eiche. (v. Heyden.) — C. (L.) ruficornis F. aus kranken Ulmenzweigen erzogen.

Chrysomela.

Chrysomela (Crioceris) subspinosa L. Mai 1859 zu Hohenheim Aspenblätter fressend. Nach v. Heyden auch auf Weiden und Birken. — C. (C.) scutellaris Suffr. Nach demselben auf Populus, Salix und Alnus. — C. (C.) cerasi L. in hellen Varietäten auf Vogelbeer. (v. Heyden.) — C. (Clythra) quadripunctata L. nach Eichblätter fressend. Winnenden. Der Käfer nach v. Heyden aus Ameisennestern sich entwickelt. — C. (Cryptocephalus) pini L. im Juli 1859 in Menge auf Föhren des Innthals. In den Landes auf jungen Seeföhren gemein im Oktober und November, stets nur am Traufe von Schonungen. Frisst in Form einer oder zwei genäherter langen Rinnen fast immer auf der hohlen Seite der Nadeln das weiche grüne Gewebe. — C. (C.) interrupta Suffr. in Menge auf Salix rubra L. zu Kreuth in Tirol. Juni 1859. - C. (C.) coryli L. auf jungen Birken. (v. Heyden.) — C. (C.) sexpunctata L. auf Salen. (Ders.) — C. (C.) ochrostoma Har. auf Haseln, imperialis Laich. (Ders.) — C. (C.) quadripustulata Gyll. auf Föhren. (Ders.) -- C. (C.) Moraei L. und vittata auf Besenpfrieme F. (Ders.) — C. (C.) flavilabris F. auf Erlen und Rhamnus frangula. (Ders.) — C. (C.) marginata F. auf Eichen. (Ders.) — C. (C.) fulva Goz. rufipes Goz, hieroglyphica F. und gemina Gyll. auf Weiden. (Ders.) — C. (C.) pusilla F. auf Eichen. (Ders.) — C. (C.) labiata L. auf Birken. (Ders.) — C. (C.) bipunctata L. auf Birken, Eichen, Pulverholz. (Ders.)

Ch. tremulae L. Das vollkommene Insekt findet sich in 2. oder 3. Generation (?) auf Aspenblättern fressend, noch Anfangs November (1847). — C. longicollis Suffr., auf Aspen fressende neue Art. (v. Heyden.)

Chrysomela lapponica L., die ächte. Zu Hohenheim im Juni 1855 auf Salen fressend. — C. viminalis L., schon Ende Mai auf Weiden in Larvenfamilien. — C. vitellinae L. auch auf Aspen. Mai 1858. — C. flavicornis Suffr. auf Salen. (v. Heyden.) — C. olivacea Forst, auf Besenpfrieme. (Ders.) — C. quinquepunctata F. auf Vogelbeer. (Ders.) — C. armoraciae L., tibialis Suffr. und vulgatissima L. auf Weiden und Pappeln. (Ders.)

C. (Galleruca) alni L., hier zu Land immer nur auf Erlen beider Art, im Mai die Käfer, im September ihre jungen Käfer. — C. (G.) crataegi Forst. (calmariensis F.), in Masse um Klosterneuburg auf Feldulme, offenbar die erste junge Generation, zu Ende Juli 1875. Im südlichen Frankreich 3 Wochen später, 21. August 1875, in der Camargue in ganz unglaublicher Menge als Puppe und eben auskriechender Käfer am Fusse von Ulmen im dürren Laub. Diese nach Lichtenstein 2. Generation. Nach v. Heyden auch in der Rheinebene in Masse. — C. (G.) capreae L., haust bei uns hauptsächlich im Frühjahr. Kurz nach dem Ausbruch des Birkenlaubs ist sie in Gesellschaft von Curculio vespertinus ungemein häufig auf jungen Laubhölzern verschiedener Art. — Nach einer mir von Herrn Forstwart Schelling zu Elfingerhof bei Maulbronn gemachten Mittheilung krepirten im Juni 1857 unter Aufblähen vier Ziegen, welche Aspenstockausschlagblätter mit Larven von Chrysom. capreae abgeweidet hatten. — C. (G.) viburni F. hatte schon Anfangs Mai die Blätter von Wasserholder, Schlingstrauch and andern fremden Viburnumarten bis auf die untere Oberhaut abgeweidet.[1]

C. (Luperus) pinicola Aud., im Juni 1859 den handlangen jungen Schossen der Weymouthsföhre stark zusetzend durch Benagen des Schosses selbst wie der Nadeln. Ersterer verliert Harz und leidet darunter. Die Nadeln dagegen röthen sich wie wenn Feuer darüber gegangen wäre. — C. (L.) flavipes L. im Mai und Juni auch auf Sale. — C. (Haltica) oleracea L., kommt auf Hölzern hauptsächlich als grosse blaue Spielart, H. violacea Ent. H. vor. Zu Zang auf der Alb fand sich mit letzterer auf Birken Ende Juni 1868 eine schwarze kaum etwas metallische Varietät. Die blaue violacea Ent. H. findet sich in Menge in gewöhnlichen Frühjahren im April, in sehr frühen schon Ende März auf jungen Birken, zumal B. pubescens, Eichen, Haseln, deren Blätter benagend. Ob sie in dieser Jahreszeit auf den genannten Holzarten brütet, ist mir nicht erinnerlich. Dagegen ist der junge Käfer fressend und brütend hier und im Schwarzwald im Juni und Juli darauf häufig. Ende Juli 1862 waren die Gruppen trüb isabellgelber länglicher millimeterlanger Eier vorhanden. Am 1. August 1864 fanden sich die ganz jungen Lärvchen vor. Nach Ratzeburg klopfte Heyer die Puppen vom 16. bis 18. August von Eichblättern. v. Heyden lässt sie im September 1858 Eichen kahl fressen. Es bestehen also zweifelsohne 2 Generationen, wovon die 2. im Juni und Juli begründet wird. — Vorstehend ist mit Ratzeburg davon ausgegangen, dass der grosse Erdfloh der Eiche nichts andres sei als oleracea. Die neuere Literatur heisst dieselbe allerdings eruca Ol. = quercetorum Foudr. Neben ihr wird eine coryli All. aufgeführt, worunter vermuthlich die oben angeführte verstanden ist. Indessen findet sich im August und September auf Eichen und Schlehenausschlägen auch eine kleine braune Art. — Eine im Walde gemeine kleine Haltica macht sich schon im März und April bei schöner Witterung bemerklich durch ein Geknister das vom Abspringen des kleinen Käferchens auf dem am Boden liegenden dürren Laube herrührt.

C. (H.) nitidula L. (mit gereiht punktirten Decken). Anf. Mai 1876 zu Hohenheim auf den Blättern von Haberschlehe. Sonst auf Weiden (v. Heyden), wie aurata Mrs. und C. (H.) helxines L., mit gostreift punktirten Decken ausser auf Weiden auch auf den Blättern von Buchenwasserreisern, Mai 1876.

C. (H.) concinna Mrsh. im Frühling, so viel ich mich erinnere, auf jungem Birkenlaub. — C. (H.) lythri Aubé auf jungen Birkenausschlägen. (v. Heyden.) C. (H.) smaragdina Foudr. auf Sale. (Ders.)

Triplax rufipes F. im Gang eines Hylesinus crenatus in der Esche, Stuttgart. — T. russica L. aus Birken erzogen. — Coccinella (Exochomus) 4-pustulata L. In Masse in Tirol auf Föhren. Dieselbe, oder eine nahe Verwandte, die kleinen weissen Aspidiotus der Heidelbeere fressend. Zolten, Mai 1869. Eine andere an dem der Esche.

C. hipustulata L. und verwandte, etwas grössere, schon im September Höhlungen von der Sonne ausgesetzter Felsen auf dem Kappelberg bei Fellbach in solchen Massen zum Winterquartier beziehend, dass sie daraus handvollweise herausgeschöpft werden können. — Endomychus coccineus L. im Juni und Juli 1850 zu Kreuth sehr zahlreich, in Paarung, auf faulen Buchen- und Ahorn(pseudoplatanus)-Stöcken, worin die Larve wohnt. Desgleichen zu Oberstenfeld auf faulen Schwarzerlenstämmen.

[1] Kleine Feinde der Landwirthschaft. 2. Aufl. S. 250.

Falter.

Sphinx pinastri L., am 9. Juli 1856 mitten in einem reinen Fichtenbestand am Fuss einer Fichte eben aus der Puppe gekrochen und von einem meiner Schüler, Herrn Walchner, auch in Oberschwaben als Raupe auf der Fichte gefunden. Am 21. August 1857 als erwachsene Raupe auf einem von ihr abgeweideten Lärchenzweige.

Sesia apiformis L. In einem jungen Eichenschlag bei Hohenheim, am 27. Juni 1855, flog ein Weibchen im vollen Nachmittagssonnenschein an mir vorüber. Plötzlich sah ich es sich in einen kleinen Busch von Aspenausschlägen, und zwar auf den schwachen Wurzelstock niederlassen. Als ich bemerkte dass der Falter nach ein paar Sekunden mit den Flügeln zu zittern anfing, offenbar um davonzufliegen, erhaschte ich ihn. Nun fand ich bei näherer Besichtigung der Stelle wo er sass, ein rundes braunes Ei, das ich übrigens als dasjenige von apiformis längst kannte, in einer Trockenkluft zwischen Erde und Wurzel des Aspenstocks leicht an der Erde klebend. Der Falter scheint somit an schwachen Wurzeln die Eier einzeln abzulegen, und das Legen eines Eis höchstens einige Sekunden zu dauern.

Bombyx cossus L. Zahlreiche junge Raupen in der Rinde eines kranken Ahorns Mai 1858.

B. aesculi F. Man trifft seine Gänge in einer Menge Laubholzarten. Die runde Form der ersteren schützt gegen Verwechslung mit cossus. Hier fand ich ihn neuerer Zeit auch in Esche, Vogelbeer, Ahorn, Acer dasycarpum, Faulbaum, Birke, Eiche, Linde, aber besonders häufig in Buche, das eine Mal in Pflanzen, das andre in Stangen oder starken Stämmen. Der Unrath der von der Raupe ausgestossen wird und zuweilen in faustgrossen Haufen am Boden liegt, liesse eine grössere Raupe erwarten. Erwachsene Raupe oder Puppe Ende Mai, Juni oder Juli. — Die frühere Angabe von Rhus typhina als Wohnpflanze dürfte neu zu prüfen sein.

B. monacha L. Im September 1879 eine Nonnenpuppe am Stamm eines Kirschbaums im Schwarzwald. Nachfolgende Notizen über den grossartigen Raupenfrass im Altdorfer Walde bei Weingarten, am Ende der 3ter Jahre, wurden von mir bei Gelegenheit eines kurzen Aufenthalts an Ort und Stelle gesammelt. Der Altdorfer Wald besteht beinahe ausschliesslich aus Fichten, desshalb betrafen die Verheerungen hauptsächlich diese. Was übrigens die Wahl der Baumarten betrifft, so griffen die Raupen am liebsten oder wenigstens ebensogern Tannen als Fichten, und zuletzt erst Föhren an. Von diesen, sagte das Forstpersonal, frassen sie blos im Fall der Noth, und ich fand zur Bestätigung wirklich mitten im abgefressenen Wald mehrere noch grüne Föhrenstämme. Das Personal wollte auch mit einiger Sicherheit behaupten, dass die auf der Grenze des Raupenfrasses stehenden Erlen verschont geblieben seien (?). Die Verwüstungen dauerten schon mehrere Jahre. Im Jahre zuvor aber war der Verlauf schneller gewesen als im Jahr 1880. Denn in den 2 Tagen die ich theilweis im Walde zubrachte (3. und 4. August 1840), waren noch Raupen und unausgeschlupfte Puppen vorhanden, wiewohl der grössere Theil schon von den Schmetterlingen verlassen. Im Sommer vorher waren um dieselbe Zeit alle Schmetterlinge ausgeschlüpft und die meisten schon wieder krepirt gewesen. Die Raupen wurden 1840 viel kleiner und weniger kräftig befunden als im Jahr 1839. Selbst die Eier fand man viel weicher. Die Menge der zur Hauptzeit vorhandenen Raupen war so gross, dass an einem fussbreit entrindeten Ring um den Baum in Mannshöhe 4 bis 5000 aus den Eiern kommende Räupchen hinaufkriechen wollten und kleben blieben. Die Eier wurden nämlich vom Schmetterling meist an den Fuss der Bäume unter die Rinde, oder in Rindenspalten, bei Ueberzahl jedoch ohne Wahl zerstreut gelegt. Sie erstreckten sich hauptsächlich bis auf 5 bis 7^m Höhe. Ich bemerkte das Eierlegen einige Mal, selbst an entnadelten Bäumen. Dass ich es jedoch so selten sah, kam vielleicht von der Stunde der Beobachtung (Nachmittag). _ Das Treiben der Räupchen im Winde wurde wohl bemerkt. _ Die Raupen griffen exponirte lichte Bestände ungern an, so dass sogar hinter den Fanggräben meist noch ein grüner Waldstreifen stehen blieb. Unterdrückte niedrige Fichten liebten sie am meisten. Dagegen blieben die gesunden jungen Horste verschont. Ich selbst sah unbeschädigte junge Horste inmitten der angegriffenen Waldfläche. Dieses Verschontbleiben schrieb das Forstpersonal einer Krankheit der Raupe, dem Durchfalle zu, den sie nach dem Genuss der Nadeln solcher Horste bekommen soll. Die Schmetterlinge wanderten nicht aus, sondern legten ihre Eier eben so gut in kahl abgefressene als in gesunde Bestände. Sie sassen in der Regel, von der Wetterseite abgewendet, am Fuss des Baumes, jedoch öfters auch höher, bis zu 8^m. _ An einzelnen Stämmen zählte ich bis gegen 30 Schmetterlinge. Mittags bei der starken Wärme waren hauptsächlich die in grosser Mehrzahl vorhandenen Männchen sehr lebhaft. Sie flogen sogleich weiter, wenn man sich einem Baum näherte, oft auch ohne aufgejagt zu werden. Die Weibchen erinnere ich mich nicht, fliegen gesehen zu haben. Sie sassen träg an den Bäumen oder flattern höchstens auf den Boden. Sie leben länger als die Männchen. _ Die vorzugsweise von der Raupe befallenen Stämme waren zwar 30 bis 40jährige Stangen, doch wurden auch sowohl Tannen als Fichten von 100 Jahren kahl abgefressen. _ Das angegriffene, d. h. kahl abgefressene oder auch schon geschlagene Holz war ganz gesund. Ich bemerkte blos in einigen Scheitern, wie auch sonst, Gänge von Curculionen, und am Fuss einer kahlen noch stehenden Fichte einige Löcher von Hylesinus micans. An den Stöcken die ich im Vorbeigehen sah, fand sich ebenfalls Wurmmehl, das ich der Eile halber nicht untersuchen konnte, vermuthlich herrührend von Lymexylon dermestoides. Viele ganz abgefressene Fichten schlugen an den Zweigspitzen wieder aus, um aber dennoch nachher zu Grunde zu gehen. _ Die zahlreichen Zapfen auf den kahlen Bäumen enthielten anscheinend guten Samen, und man dachte sie hätten ganz wohl zur Wiederbesamung dienen können, wo sie in der Schnelligkeit nicht zum Hieb gebracht werden konnten, um so mehr als der Boden von dem oft handhohen Raupenkoth bestimmt sehr gut gedüngt war. Indessen versicherte ein bis zum Oktober zur Stelle gebliebener Forstmann, die Samen seien sämmtlich taub geworden und die Zapfen mit unnatürlich brauner Farbe abgefallen. _ Die Raupen die ich am 4. August 1840 noch fand, hatten zum grösseren Theil, besonders an den Füssen grüne Farbe, der Versicherung gemäss ein Zeichen ihres Angestochenseins und baldigen Endes. Vögel traf man im Walde sehr wenige. Ich bemerkte keinen Specht. Nur einen Finken und Zaunkönige hörte ich schlagen. Um so zahlreicher waren Raubinsekten, z. B. Laufkäfer. Ein Carabus glabratus F. biss, ohne sich stören zu lassen, auf meiner Hand eine ihm vorgeworfene Raupe mit Wuth zusammen. Libellen erhaschten die Schmetterlinge im Fluge. Panorpa, Raubfliegen (ob wesentlich?) waren häufig und in der Mehrzahl der Puppen, Schlupfwespen. Als Feind der Puppen bezeichnete man mir Forficula. _ Von den Raupenhaaren schwoll mir die Haut an einigen Stellen auf, was bei den Holzhauern oft in hohem Grade geschehen sein soll.

Die überall gezogenen Fanggräben für Raupen halfen rein nichts, es fand sich, wovon ich mich überzeugte, fast nie eine Raupe darin. _ Vorkehrungsmassregeln gegen die grossartige Verbreitung der Nonne wurden wenige getroffen, weil das Uebel viel zu spät entdeckt worden war. Man versuchte indessen das Einsammeln der Eier, Räupchen, Schmetterlinge. Allein von Erfolg war die Arbeit nicht, weil aus den benachbarten wohlhabenden Orten die Leute nicht beigebracht werden konnten. In ihren Augen wäre die Rodung eines Theils des grossen Altdorfer Waldes wünschenswerther gewesen als seine Rettung. Die Holzhauer und andere Personen wurden zu Grabenziehungen und Unterhaltung von Leuchtfeuern verwendet. Letztere blieben ohne Nutzen. Es habe überdies geschienen dass beinahe nur Männchen in dieselben flogen. Man entschloss sich also zum Fällen der Bäume. Mit der Nonne fanden sich auch viele Exemplare der Quadra.

Hier das Verzeichniss der Insekten, die ich am 4. August 1840 im dritten Jahre des Frasses im Altdorfer Wald sammeln konnte.

Carabus sycophanta L.
„ glabratus F.
„ Germari St.
„ auronitens F.
Oedemera fulvicollis F.
Curculio (Ot.) squamiger Df.
Rhagium bifasciatum L.
Leptura quadrimaculata F.
Coccinella ocellata L.
Bombyx monacha L.
„ quadra L.
„ helvola Ant.
Sirex juvencus L. var.
Pimpla persuasoria L.
„ varicornis F. in d. Monacha.

Pimpla flavicans desgl.
Ichneumon spec.
Cimex rufipes L.
„ luridus F.
Reduvius annulatus Fabr.
Aphis quercus L.
Locusta aptera F.
„ ephippiger Fabr.?
Blatta lapponica Aut.
Syrphus nobilis Mg.
Syrphus verwandt mit pyrastri.
Xylota florum Mg.
Tetanocera chaerophylli F.
Dioctria oelandica L.
Anthrax bifasciata Mg.

Bibio pomonae Mg.
Tipula oleracea Linn.
Rhyphus fenestralis Scop.
Dexia?
Leptis annulata Dfl.
„ strigosa Mg.
„ conspicua Mg.
Asilus obscurus Mg.
Laphria flava Linn.
„ gilva L.
„ gibbosa L.
Aeschna grandis L.
Libellula vulgata L.
Agrion forcipula Ch.
Panorpa scorpio L.

Hinsichtlich der Verheerungen welche die Nonne ungefähr zur gleichen Zeit im Jaxtkreis anrichtete, entnahm ich dem amtlichen Bericht des Revierförsters v. Michelberger in Ellenberg, datirt Juni 1841, folgende Notizen. — 1838 hauste die Nonne in dem baierischen Revier Dürrwangen. Juli 1839 wurde von ihrem zahlreichen Vorhandensein in den fürstlich Oettingen-Wallersteinischen Waldungen die Anzeige gemacht. Das Uebel verbreitete sich über mehrere Stunden aus einander liegende Waldungen. Das untergeordnete Auftreten in den Staatswaldungen gegenüber den Wallersteinischen schreibt v. Michelberger zum Theil der Anwendung der Vertilgungsmassregeln zu. — Das Auskriechen der Räupchen (anno 1839 nicht beobachtet) begann 1840 mit Anfang Mai und erfolgte nach v. Michelberger in zwei Perioden. Die zuerst ausschlüpfende Partie bildeten die in Mannshöhe und darüber abgelegten Eier. Nach 5 Tagen erschienen die Räupchen aus den weiter unten an den Stämmen befindlichen. Das Ausschlüpfen dieser Eier währte, wie bei der Vorbrut, 5 Tage. Mit der Zwischenpause dauerte es also 14 Tage. 80 bis 120 Eier lagen in der Regel in einem Haufen. Die jungen Räupchen blieben 3 bis 4 Tage in den Spiegeln beisammen sitzen und krochen dann gegen den Gipfel der Bäume. Auch v. Michelberger berichtet, dass die Raupe vorzugsweise die Nadeln der unterdrückten Fichten und Tannen liebe: dann erst sei sie an ältere Stämme gegangen. Nach 6 bis 8 Wochen war die Raupe von der Grösse welche ihre Gefrässigkeit am fühlbarsten machte. Im Ganzen dauerte ihr Frass vom Ausschlüpfen an bis zur Verpuppung ungefähr 10 Wochen, und zwar Tag und Nacht, was an dem ununterbrochenen Geräusch, durch das Zernagen der Tannen entstehend, bemerklich wurde. Die Nadeln der Föhre griffen sie nur vom äussersten Hunger getrieben an. v. Michelberger bestreitet die Annahme in Ratzeburg's Forstinsekten, dass die Raupe bis zur halben Vollendung ihres Wachsthums auf Fichten ernährt, nachher Gewohnheits halber keine Föhrennadeln mehr annehme. Denn $2/3$ bis $3/4$ des ergriffenen Bestandes seien aus Föhren bestanden, wovon die Raupe allerdings meist nur einige Astpartien von unten herauf abfrass. Nur hie und da wurden einzelne Stämme ganz entnadelt. So, wie sie die Föhre kaum angriff, entlaubte sie auch nur im Nothfall Eichen, Buchen, Birken etc. — Die Häutungen, wovon blos zwei beobachtet wurden, die eine 14 bis 20 Tage nach dem Auskriechen, die andere kurz vor der Verpuppung, dauerten 3 bis 4 Tage. Die Verpuppung währte im Durchschnitt 14 Tage. Schwärmzeit vom 24. Juli bis 15. August. Sie fing mit der Abenddämmerung an und dauerte bis Mitternacht, bei wärmeren Nächten noch länger. Gegen Morgen, wenn es kühl zu werden anfing, begaben sich die Falter von dem Gipfel des Baums herab und setzten sich, gleichsam erstarrt und ermattet, unten an den Stamm und den Boden und blieben hier so lange sitzen, bis sie, durch die höhere Tagstemperatur vom Schlaf erweckt, sich wieder in die Gipfel der Bäume aufschwangen. Die Begattung, weil bei Nacht geschehend, wurde nicht beobachtet. Ebenso wenig das Legen der Eier [?]. Da letztere gut verborgen werden, glaubte das Forstpersonal, es seien gar keine gelegt worden, bis sie im nächsten Frühjahr auskrochen. Die Lebensdauer des Schmetterlings stellt v. Michelberger auf etwa 14 Tage und nicht höher. — Die Eiernester schlüpften so vollständig aus, dass man an eine schädliche Einwirkung kalter etc. Witterung nicht glauben konnte. Michelberger gibt nicht zu, dass die gelinde Witterung des Winters (1840) auf die Zeit des Ausschlüpfens Einfluss ausgeübt habe. Ob der Winter — 5° oder — 11° gehabt hat, ist nun freilich gleichgültig für die Eier, aber nicht so, welche Temperatur im Frühjahr herrscht. Schreibt ja v. Michelberger selbst das Ausschlüpfen der Eier in zwei Partien dem allmählichen Eindringen der Wärme zu, welche bei der am Boden liegenden Eiermenge gleichsam durch die zurückgebliebene Bodenkälte aufgehoben wurde. Ueberhaupt sagt der Berichterstatter (was mit meiner Ansicht harmonirt), dass die Räupchen gegen Einflüsse kalter wie warmer Witterung fast völlig unempfindlich seien, dass ihre Entwicklung durch letztere nicht besonders gefördert, durch erstere zwar vielleicht verzögert, aber nicht unterbrochen werde. — v. Michelberger versichert dass die Nonne bei ihrer Ansiedlung einen grossen Unterschied zwischen geschützten und exponirten Lagen mache. Vorzugsweise liebe sie die tiefgelegenen nassen und feuchten Stellen in 30 bis 60jährigen, mit unterdrücktem Fichtengesträuch und Stangenholz gemischten, dabei wohlgeschützten Lärchenbeständen. Höher und trocken gelegene durchforstete Bestände blieben selbst dann verschont, wenn sie an jene angrenzten, oder davon rings umgeben waren. Das Zutreffen dieser Erscheinung sei so allgemein und zuverlässig gewesen, dass man stets zum Voraus bei Besichtigung der Bestände habe diejenigen bezeichnen können, welche dem Aussehen nach der Nonne einen erwünschten Aufenthaltsort versprachen und diese auch wirklich beherbergten.

Die von der Regierung angeordneten und in Ausführung gebrachten Schutz- und Vertilgungsmassregeln waren:

1) Das Ziehen von Vertilgungsgräben zur Zeit des Frasses. Sie haben nach v. Michelberger ihrem Zweck vollkommen entsprochen, indem eine grosse Raupenmenge auf ihrer Wanderung von einem Stamme zum andern und von einem Bestande zum andern [?] hineinfiel und darin zu Grunde ging. Der Berichterstatter bedauert nur dass der Frass so spät entdeckt worden sei. Man hätte durch noch ausgedehnteres Grabenziehen eine bedeutende Minderung der Raupen bewirken können, während man natürlich mit Beginn der Verpuppung damit habe aufhören müssen. Nebenbei empfiehlt v. Michelberger, in gewissen Entfernungen und an den Grabenausgängen Gruben von etwa 2 bis 3^m Umfang und $^2/_3$ 1^m Tiefe anzubringen, damit die Raupen darin, bei Regengüssen zusammengeschwemmt, im Wasser oder Morast ersaufen. Seine Gräben, nicht nur am Saume sondern auch im Innern des Waldes angelegt, waren $^1/_2{}^m$ breit, $^1/_3{}^m$ tief und mit senkrechten Seitenwänden.

2) Auch das Aushauen von Gesträuch und unterdrücktem Holz findet v. Michelberger sehr wirksam als Vorkehrungs- und Vertilgungsmittel. Alle früher schon von unterdrücktem Gesträuch und Stangenholz gereinigten Bestände, selbst die in feuchter Lage, seien von der Nonne verschont geblieben. Aber auch nach eingetretenem Frasse habe sich dieses Mittel bewährt, besonders da wo die Durchforstungen schnell und vollständig durchgeführt worden seien. In halb oder schlecht durchforsteten Beständen seien sie im zweiten Jahre wiedergekehrt, während sie vollständig durchforstete im zweiten Jahr verschont hätten. — Aus den frisch durchforsteten haben sich die Schmetterlinge häufig in nicht gelichtete gezogen [?]. Mit dem Niederhauen und Verwelkenlassen des unterdrückten Unterholzes seien auch die vielen darauf befindlichen Raupen verschwunden. Es sei übrigens nicht zu leugnen, dass man zu dieser Zeit nachdrücklich von der Natur selbst unterstützt worden sei. Eine Menge Raupenfeinde: Ichneumonen, Caraben, darunter Sycophanta, haben sich in bedeutender Anzahl eingestellt, so dass innerhalb vier Wochen die gänzliche Ausrottung der Raupen bewirkt gewesen. Dabei hatte man übrigens im vorigen Jahr 1840 auch das Spiegeltödten, im Jahr 1839 das Schmetterlingstödten energisch betrieben.

3) Anzünden von Leuchtfeuern zur Flugzeit fand man unwirksam, und verfolgte daher die Schmetterlinge statt mit Feuer, mit dem Besen.

4) Vertilgung der Schmetterlinge. Während der Flugzeit waren aus der ganzen Umgegend Leute aufgeboten, anfangs 300 bis 400, später 100 bis 200, mit abgestutzten Besen versehen. So früh am Tag die

Schmetterlinge zu unterscheiden waren, ging man an's Werk. Die Leute wurden, wie bei einer Treibjagd, eingetheilt und geführt, nur standen sie dichter. Ungefähr 4 Stunden des Morgens wurden dazu verwendet die Schmetterlinge, so lange sie in ihrer Morgenruhe unten an den Bäumen sassen, mit dem Besen zu vernichten. Manche mit Aexten versehene Männer schlugen an die schwächern Stämme, um durch die Erschütterung die Falter herabzustürzen. Andere hatten hölzerne Hämmer an 2 bis 3ᵐ langen Stielen, um auch die hochsitzenden zu erreichen. Auf diese Weise kamen nur diejenigen durch, die an den Aesten der stärkern Stämme verborgen sassen. Dieses Vertilgungsgeschäft dauerte vom 27. Juli bis 15. August 1839. Die Zahl der auf diese Weise getödteten Schmetterlinge berechnet v. Michelberger auf ungefähr 1¼ Millionen, da durchschnittlich jeden Tag 70 bis 80,000 getödtet worden seien.

5) Das sogenannte Spiegeltödten. Am 2. Mai 1840 fand man in den Wallersteinischen Waldungen die Raupenspiegel in nicht durchforsteten Beständen. Es wurden täglich 50 bis 80 Menschen im Tagelohn aufgeboten. Sie mussten mit einem Lumpen oder einem Büschel Nadelreis die Raupenspiegel zerdrücken oder zerreiben, was schnell von Statten ging; andere hatten kleine Hämmer oder Handbeile, womit sie die hie und da halb versteckt sitzenden Spiegel zerquetschten. Dies Geschäft dauerte den ganzen Tag. Anfangs hatten die Leute die gehörige Uebung noch nicht und mussten einen Distrikt zwei- bis dreimal durchgehen. Das Geschäft dauerte 5 Tage vor und 5 Tage nach der oben beschriebenen Pause des Ausschlüpfens. Die auf diese Weise getödteten Raupen schlägt der Berichterstatter auf 1 Million an. Die bereits etwas gelichteten und von Gesträuch befreiten Bestände habe man auf diese Weise vollends so gereinigt dass alle Besorgniss für sie geschwunden sei. Allein in den Wallersteinischen Waldungen habe man sich gezwungen gesehen, auch nach dem Spiegeltödten, welches natürlich auch nicht gründlich geschehen konnte, vollständig zu durchforsten. Auf dies seien die oben beschriebenen wohlthätigen Folgen des Durchforstens eingetreten. Der Berichterstatter überbietet sich übrigens durch die Versicherung in Folge der Vornahme dieser Durchforstungen und der thätigen Mitwirkung der Ichneumonen sei die Ausrottung der Nonne so total gewesen dass jene treuen Mitgehilfen selbst aus Mangel an Raupen haben den Hungertod sterben müssen. Wenn einmal eine so grosse Menge Ichneumonen vorhanden war, dann konnte wohl die Durchforstung das untergeordnet wirkende Vernichtungsmittel gewesen sein. — Das Spiegeltödten geschah durch Tagelöhner, das Schmetterlingtödten durch Fröhner die täglich gewechselt wurden, weil die Leute, um ihre Arbeit zu vollbringen, sich gleich nach Mitternacht auf den Weg begeben mussten. — v. Michelberger sucht das erste Mittel zur Verhütung eines Raupenschadens in der genauen Kenntniss und Aufmerksamkeit des Forstpersonals, und den Grund dass ein Raupenschaden dennoch Platz greift, folgerecht in der Nachlässigkeit der Forstdiener.

Man sieht aus diesem Berichte dass menschliche Kräfte und Ausdauer allerdings etwas vermögen, und die Anwendung aller Mittel die dem Forstmann in einer bevölkerten Gegend zu Gebot stehen, wenigstens mit einem gewissen Erfolge gekrönt sein kann. Auf der andern Seite besagt aber der Bericht nicht allzuviel, denn es ist bekannt dass ein Raupenfrass nicht über drei Jahre zu dauern pflegt, und auch hier war es das dritte Jahr in dem man, wohl zu bemerken von den Ichneumonen unterstützt, Meister wurde. Wäre irgendwo gemeldet dass man einen stark angegriffenen Fichtenbestand in demselben Jahr gerettet habe, so würde damit mehr gesagt sein. Statt dessen gibt der Beamte an, die angegriffenen Bestände enthalten ⅔ bis ¾ Föhren, das Uebrige blos seien Fichten und in der Regel unterdrückte Stangen und Gesträuch. Dass nun aber dieser Fohrenbestand den die Raupen, wie auch im Weingarter Forst, nur im äussersten Nothfall anrührten, gerettet wurde, kann doch sicherlich keinen Gegenstand der Verwunderung abgeben.

Bombyx quadra L. begleitete die Nonne, jedoch in Minderzahl, in beiden vorgenannten Fällen. Man traf die Raupe vorzugsweise in 40jährigen, etwas gelichteten Tannenbeständen, an den Stämmen sitzend. Verpuppung und Flugzeit fielen so ziemlich mit denen der Nonne zusammen. Im zweiten Jahr, wo man sie oft in ungeheurer Menge an einer Stelle sah, verschwand sie ebenfalls wieder ohne Schaden. Neuere Beobachtungen haben ja aber gelehrt dass sie nur unschädlich **Flechten** und **Moose** frisst. — **B. dispar L.** Revierförster Riegel theilt über diesen Spinner aus seiner Lehrzeit den nachbeschriebenen Fall mit. Im Jahr 1838 zeigte sich die Raupe bei Weikersheim (im Fränkischen) in einem 4 bis 5jährigen, beinahe reinen Eichenniederwald in sehr grosser Anzahl und entlaubte gänzlich die etwa 30 Hektar grosse Waldfläche. Ungefähr Ende August war der Schmetterling ausgeflogen und legte seine Eier in Form der bekannten Polster. Nachhaltig nahm der Wald keinen Schaden. Er schlug im nächsten Jahr ohne Zweifel kräftig aus, denn im dritten Jahr, als ihn Riegel wieder sah, war keine Spur des frühern Schadens mehr vorhanden.

Bombyx fascelina Hbn. Mai 1858 an jungen Blättern der gemeinen Robinie. — B. antiqua L. hat nach Kritische Blätter. H. l. S. 218 im trocknen Sommer 1859 im Goldensteiner Forst in Mähren bei tausend Meter Erhebung etwa einen halben Hektar Laubholz kahl gefressen und dabei auch Fichte und Heidelbeere nicht verschmäht. Im August 1868 hier auf Eschen. — B. gonostigma L. auch auf Salix aurita Ende Mai 1875. — B. caja L. Juni 1861 junge Blätter von Berberis aquifolium fressend. — B. fagi L. von Herrn Eichler im August 1859 auf einer Weide gefunden. — B. vinula L., welche bekanntlich ihre Eier paarweis auf die Blätter ihrer Wohnbäume zu legen pflegt, sah ich im Frühling 1875, wo die Baumvegetation auffallend spät anstrieb, genöthigt, sie an's Holz zu legen. Ich fand mehrere Eiergruppen zu zwei oder drei an Aspenanschlägen. — B. versicolora Hbn. (ohne Zweifel) als Raupe auf Buche. Ende Juli 1856.

B. processionea L. war im südlichen Deutschland im Spätsommer 1849 ungemein häufig, besonders auch in dem Pferdepark von Kleinhohenheim, wo man das Insekt für die jungen Fohlen fürchtet, weil diese, wenn sie an den Raupennestern der einzeln stehenden Eichstämme, wie es gern geschieht, sich belustigt haben, mit geschwollenem Kopf und öfters tobend nach Hause zurückkehren. — **B. pityocampa L.** nach Herrn Perris brieflicher Mittheilung zuverlässig die südwestfranzösische Art welche man dort auf Seeföhre und in Parks auf Lärchenföhre verbreitet findet. Auf erstgenannter, Pinus pinaster, ist sie in den Landes bei Bordeaux überraschend häufig. Nicht blos sah ich im September 1855 auf den Gipfeln und Aesten der Bäume sehr viele faustgrosse, von dürren Nadeln und grobem Unrath erfüllte alte Nester der Raupe, sondern auch eine Menge junger Raupenfamilien. Solche an manchen Stellen die ich besser untersuchen konnte, auf jedem jungen Baum. Die Familien junger, etwa 15um langer Raupen sah ich öfters in Linien an den grossen Nadeln der Seeföhre hinausziehen und diese so abweiden dass die dünnen langen Reste der stark angefressenen Nadeln verblichen und sich kräuselten. Die Harzer beklagen sich über das Anschwellen der Füsse in Folge des Trittes auf ein Raupennest. Doch dürfte das Uebel nicht allzugross sein, sonst trügen die Arbeiter beim Geschäft auf den Bäumen gewiss Schuhe oder Stiefel. — In der Nähe oder Mitte der jungen Familien findet man die ganz eigenthümlichen Eierklumpen. Die weissen zahlreichen Eier werden vom Falter in Form eines breiten Rings um den untern Theil einer Nadel gelegt, jedoch von dünnen häutigen, silbergrauen, gegen die Basis offenen Schuppen gänzlich bedeckt, unter denen die ausschlüpfenden Räupchen hervorkriechen müssen. Das Ganze erinnert durch seine Form an einen Flintenwischer oder den Kolben einer Typha. — Leider haben sich die jungen Raupenfamilien, die ich Ende September nach Hohenheim zurückgebracht und versucht hatte auf den Schwarzföhren des Reviers auszusetzen und weiter zu beobachten, verlaufen. Eine Erfahrung die mit Ratzeburg's Angaben über pinivora harmonirt.

B. cänobita L. Bei der Aehnlichkeit des Falters mit der Nonne und der auf Fichte vorkommenden Raupe mit dem Föhrenspinner dürfte eine genauere Beschreibung des letzteren Zustandes hier nicht am unrechten Orte sein. — Anfangs September 1878 fand der junge G. Winterlin zu Liebenzell im Schwarzwald auf einer kümmerlichen Fichte eine erwachsene noch einige Tage lebhaft fressende Raupe von folgendem Aussehen: 4 Zent lang. Einigermassen an B. rumicis, potatoria und pini erinnernd. Etwas platt und sich nach hinten leicht verschmälernd. Kopf schwarz, gelblich geädert. Auch Brustfüsse schwarz, aber Bauchfüsse und Nachschieber schmutzig graugelb. Oberseite von schmutziggelber Grundfarbe, durch welche sich an den Seiten ein grauer Streifen und über den Rücken eine schwarze, grosstentheils grau besäumte Binde zieht. Letztere geziert durch eine schmale unterbrochene blassgelbe Mittellinie und auffallende kurze Querstrichpaare, deren Striche durch die Einschnitte getrennt werden. Auf erstem und zweitem Gelenk breite bläulich schwarze Sammtbinden. Jedes Gelenk mit ein paar kurzen weissen Breitpinseln, neben welchen, wie auch in den Seiten, zwei grosse längere schwarzhaarige Warzen. Das Rückenpaar dieser schwarzhaarigen Warzen besonders auf dem vierten bis zum elften, auch zwölften Gelenk entwickelt. An den Seiten über den Beinen in allen Einschnitten ein auffallender hellgelber Winkelstrich und auf den Gelenken dichte reich- und schmutzigweisshaarige Warzen, über denen gegen den Rücken hin jederseits die beiden bereits namhaft gemachten dunkel- und längerhaarigen Warzen stehen. Unterseite schmutzig graugelb mit drei blassschwarzen Längsbinden. Mit der Lupe betrachtet die grauen Binden des Rückens, gebildet durch perlgraue Punkte auf schwarzem Grunde, sehr schön anzusehen. — Wenige Tage darauf verspann sich die Raupe in fast durchsichtigem schmutzig weissen Gespinnste, das durch viele lockere Fäden in einer Ecke des Zwingers mit einem Fichtenzweiglein verbunden aufgehängt war, woraus der Falter am 1. Mai 1879 hervorging.

Falter. 51

Noctua piniperda L. Die Eier fanden sich Anfangs Juli 1863 auf einer mannshohen Föhrenpflanze. Ein einziges dabei befindliches Räupchen erinnerte durch den beim Gehen bemerklichen Katzenbuckel an Spannraupchen, gieng aber leider sogleich verloren. Die Eier haben, wie Ratzeburg abbildet, genau das Ansehen eines platten sogenannten gesponnenen Westenknopfes von 0,mm6 Breite. Die von der Spitze ausgehenden strahligen Linien werden durch Reihen kleiner Grübchen gebildet. Die Eier lagen nicht in der Linie der Föhrennadeln, sondern in einem langen die Nadel auf beiden Seiten umfassenden gestreckten Haufen bei einander, der gegen 100 Eier umfasste. Das Mutterthier muss ihn, da er sogar von der einen Nadel sich auf eine andere fortsetzte, die zufällig die erstere kreuzte, in ziemlicher Eile oder wenigstens sehr sorglos abgesetzt haben. Aus der Mehrzahl der Eierchen entwickelten sich Ende Juli winzig kleine Schlupfwespchen, etwa von der Gattung der Chrysolampus.

N. valligera Tr. oder ihre Verwandte segetis F., oder beide, kurz die bekannten grauen Erdraupen haben in den Jahren 1855 und 1861 im August und September zu Schussenried und Hohengehren in Saatschulen durch unterirdisches Wurzelbefressen der Lärchen- und Fichtensaaten namhaften Schaden angestiftet. Eine der Raupen verpuppte sich im Oktober.

N. leporina L. ohne Zweifel auf Eiche. Ihre gespinnstlose Puppe nämlich fand sich in einem faulen Eichenast, durch eine ziemlich feste bräunliche Gespinnstwand von der Aussenwelt geschieden. Falter im Juni 1859.

Geometra betularia L. findet sich auch nicht selten in Gebüschen auf wilden Rosen und Cornus sanguinea (Kirchheim, September und Oktober 1853), ausserdem auf der Platane.

G. piniaria L. Auch auf Weymouthsföhren. Hohenheim, Oktober 1863.

G. brumata L. Herr Groner berichtete mir im Juni 1853 aus der Gegend von Ulm von einem sehr bedeutenden Frasse der brumata und defoliaria. Die erstere ging, nachdem in einem gemengten Bestande das Oberholz (Laubbäume) kahl gefressen worden, zwischen dem 11. und 15. Juni herunter an die Fichte und griff diese an, die kaum entwickelten Triebe und hauptsächlich der Gipfelpartie befressend. Sie begnügte sich aber mit den Nadeln allein nicht, sondern nagte noch den Trieb selbst bedeutend an. Fast alle unter den Eichen stehenden Fichten verloren in dieser Weise die Gipfeltriebe und wurden dadurch zurückgesetzt. An den freistehenden Fichten dagegen fand nicht einmal eine Spur vom Insekt. Offenbar geräth daher die Raupe blos mittelbar vom Laubholz auf das Nadelholz. — Auch zu Ulm litten, so wie von mir zu Kirchheim beobachtet worden, die Unterhölzer und Pflanzungen besonders Noth. In Uebereinstimmung mit den Angaben Schmidberger's waren die von der Donau überschwemmten Waldungen frei von Schaden, während kaum einige hundert Schritte davon, am Berge, die Spanner in zahlloser Menge hausten. Aus der grossen daselbst herrschenden Hungersnoth muss wohl erklärt werden, dass die zugleich in grosser Menge vorhandenen Raupen von **Tortrix viridana** Buchen, Hainen, Haseln, und einige Raupen sogar Fichten angriffen. — Ende Juni 1855 in Menge auf Ulmen, besonders gern auch deren Früchte befressend.

Tortrix Buoliana F. ist sehr gemein in den Seeföhrenwäldern der Bretagne. Man findet dort schon im März sehr grosse Raupen. Man wird also annehmen dürfen, die Raupe fresse in dem gemässigten Küstenklima den ganzen Winter über. Im Mai findet die Verwandlung zur Puppe statt. Ende Juni und Anfangs Juli kommt der Schmetterling zum Vorschein. Er ist viel grösser als der von der gemeinen Föhre herrührende. — Die Zahl der von Buoliana daselbst beschädigten Stämme ist nicht selten bedeutend und kann stellenweise sogar den siebten Theil derselben erreichen. Oefters leidet nicht blos der Haupttrieb Noth, sondern alle Triebe eines Quirls werden innerlich benagt und sinken bei der spätern Entwicklung herab, um sich bogenförmig wieder zu erheben. Es entsteht auf diese Weise Armleuchterform des Gipfels. — Buoliana ist auch häufig auf der Schwarzföhre. Die grossen roth und weissen Schuppen der Knospen dieses Baumes haben so viel Aehnlichkeit mit der Farbe des Schmetterlings, dass dieser durch letztere oft seinem Feind entgehen muss. — Ich besass früher einen Falter von Buoliana, auf dessen Hinterflügeln sich die charakteristische Färbung der Vorderflügel in Roth und Silberweiss eigenthümlich wiederholte.

Tortrix hercyniana Ksl. ist in Württemberg sehr verbreitet, sowohl im Dunkel des Waldes, als in sehr exponirten, und in warmen wie in kalten Lagen, in hohen Gebirgswäldern wie in den Ebenen. Dieses Vorkommen widerspricht v. Berg's Mittheilung, nach welcher hercyniana in durchforsteten Beständen sich nicht so gern aufhielte wie in geschlossenen. Sie schwärmt auch bei uns im Mai und Juni. Nach mehreren Berichten erholen sich die ganz [?] entnadelten Stämmchen wieder vollständig von dem durch hercyniana angerichteten Schaden. — Schon im Jahr 1842 fand ich die Spuren von hercyniana, in zusammengesponnenen ausgehöhlten Nadeln bestehend, auf der Tanne. Seither gingen mir zahlreiche, amtlich eingesandte, stark mit hercyniana besetzte Tannenzweige zu.

T. (Sericoris) Nördlingeriana Rtz. und **T. (Coccyx) Mulsantiana** Rtz. Zwei Wicklerarten die in den Nadeln der Seeföhre (P. pinaster) äusserst gemein sind und daher bei den Franzosen schon einen ältern sichern Namen haben dürften. Sie scheinen nahezu dieselbe Lebensweise zu führen. Die Schmetterlinge schwärmen im Juni, Nördlingeriana etwas früher, Mulsantiana bis Ende Juli. Im Winter darauf findet man im Parenchym der Nadeln Räupchen in Menge, bald einzeln, bald, wenn ich mich recht erinnere, mehrere zusammen. Sie sind dunkel gefärbt. — Wird das Holz, an dem die Wickler wohnen, im Winter geschlagen, so sieht man oft die daraus gefertigten Reisigwellen über und über von den Fäden der herausgekrochenen Räupchen übersponnen. — Die ausgehöhlten Nadeln werden leicht vom Froste getödtet. Dann zieht sich die Raupe in gesunde, selbst in die gesündesten Nadeln, wobei sie zwei Nadeln über der Scheide zusammenspinnt und sich durch eine Oeffnung hineinfrisst, um erstere der Spitze zu auszuhöhlen. — Anfangs Mai, vor der Blüte des Baumes, kriechen die Räupchen aus ihren Nadeln hervor und fressen sich in die noch nicht entfalteten Blütenstände hinein. Zu dieser Zeit hängen sie auch an Fäden von den Zweigen der Bäume herab, so dass man sie in Masse sammelt, wenn man einen Stock horizontal ausstreckend längs einem Walde hingeht. — In den Blütenständen wächst die Raupe bis zur Vollkommenheit und findet hier die Verwandlung zur Puppe Statt. — Auch im Sommer tödtet öfters die Hitze die angegriffenen Nadeln auf dieselbe Weise wie im Winter die Kälte. Ganze Bestände, besonders das unterdrückterc Holz, färben sich dann auffallend roth, jedoch, wie es scheint, ohne dauernden Schaden. In ganz jungen Pflanzungen entsinne ich mich nicht, die Wickler gesehen zu haben. In Bezug auf die in Ratzeburg's Ichneumonen angegebenen Schmarotzer der genannten Wickler muss ich bemerken, dass auch Rhinomacer attelaboides und der kleine Ptinus dubius in den Blüten der Seeföhre sich entwickeln. Vielleicht gehörte eine jener Ichneumoniden dem Ptinus, möglicherweise dem Rhinomacer an. Ich sage möglicherweise, denn, wenn ich nicht irre, ergab die Wicklerzucht von der die Ichneumoniden herrührten, nebenbei blos Ptinus und keine Rhinomacer.

T. ocellana Tr. auch aus Blätterknospen von **Crataegus crus galli** erzogen. Hohenheim, 5. Juli 1855.

T. pinicolana Zell. Im September 1855 brachte Herr Prof. Fischbach von den Hochalpen Lärchenzweige die von einer ziemlich grossen Raupe abgefressen waren. An den Zweigen hin zog sich ein lichtes, mit Unrath erfülltes Gespinnst, von dem aus die Raupe geweidet und besonders viele Nadeln an der Basis abgefressen hatte. In einer dürren Blätterpartie fand ich noch eine todte Puppe, etwa von der Grösse der sylvestrella, deren Afterspitze der Abbildung Ratzeburg's ähnlich ist. Die daneben liegende Raupenhaut hatte einen braunen Kopf. — Nach Herrn Fischbach war die durch die Raupe angerichtete Verwüstung ziemlich ausgedehnt. Ueber den Schaden durch dieselbe Raupe in der Lombardie, dem Wallis und Engadin berichtete zumal Daval zu Vevey im Sommer 1857. Seine Notizen sind in Ratzeburg's letztes Werk [1] übergegangen. Des letztern Vorschlag (S. 20), die hauptsächlich in den untern Theilen des Baumes hausende Raupe vorzugsweise durch Rauch zu bekämpfen, fordert die Bemerkung heraus, dass eine die Raupe aus ihrem Verstecke treibende Räucherung der Benadelung nachtheilig werden dürfte. — Welches Räupchen höhlt im bairischen Tirol (Kreuth 1850) die Nadeln der Legföhre nach Art der Tortrix Mulsantiana aus? — Welches andre findet sich hier zuweilen in Ahornfrüchten?

Tortrix nanana Kuhlw. Im Juli 1850 auf Fichten im Vorarlberg ein Falterchen. — **T. (Phthoroblastis) plumbatana** Zell. (nach Herrn v. Heyden) aus einem auch von Cerambyx hispidus bewohnten morschen Lindenast erzogen,

---
[1] Waldverderbniss II, SS. 62 und 115.

aus dem sich die Puppe beim Ausschlüpfen des Falters hervorschob. Hohenheim, März 1841. T. Ratzeburgiana Sx. Das Räupchen hat schwarzen Kopf mit weisser Gabel. Der Fleck auf dem Halsschild ist getheilt, gegen hinten durch zwei dunkle Bogchen begrenzt. Dasselbe scheinbar auch gegen vorn, weil der runde schwarze Hinterkopf durch den Nacken schimmert. Der Körper weiss, fast ohne alle Behaarung, mit wenigen einzeln stehenden Borstchen. Die drei vordern Fusspaare schwarz geringelt. After auch schwärzlich gefärbt. — Ein einziges Räupchen erhielt ich im Jahre 1846 mit einer Sendung von hereyniana in einem ausgehöhlten Fichtentriebe von Freudenstadt im Schwarzwalde.

T. strobilana L. Auch mir, wie Ratzeburg, begegnete ein Fall welcher die Zweijährigkeit der Generation des Insekts wahrscheinlich macht. Aus Zapfen, mit sehr zahlreichen Raupen besetzt und im Januar 1841 gesammelt, entwickelten sich im Zimmer am Ende März mehrere Schmetterlinge. Die Hauptmasse der Raupen aber blieb in vollkommener Grösse bis zum Herbst, wo sie durch Zufall verloren gingen. — Am 31. März 1842 gesammelte, ziemlich viele Puppen enthaltende Zapfen lieferten in einem fast nie geheizten Zimmer schon Ende April Schmetterlinge.

T. turionana L. in frühen Jahren wie 1862 als Falter schon in zweiter Hälfte April auf Föhren. — T. histrionana Fröl. zeigte sich zu Ende der siebziger Jahre, zumal 1878 und 1879, in mehreren Schwarzwaldrevieren, beispielsweise im Hirsauer, als Räupchen mehrere Jahre nach einander in ungemeiner Menge auf den Tannen. Diese sahen davon an ganzen Bergwänden roth aus, was von den entnadelten, auch wohl mit einzelnen rothgewordenen Nadeln besetzten Zweigen herrührte. Entwicklung der Falterchen Ende Juli.

Das Eingehen von Gipfelschösschen und die namhafte Entnadelung der Tannen muss eine Schwächung des Holzrings der betreffenden Jahre, namentlich in der Krone, zur Folge haben. Ein grösserer Nachtheil dürfte bei der Tanne als immergrüner Holzart nicht zu erwarten sein.

T. viridana L. in der Bretagne in den Jahren 1843 bis 1845 auf Eichen so häufig dass wochenlang die Hausschwalben ihre Jungen damit fütterten und man die daselbst allgemein verbreitete Eidechse, Lacerta agilis, auf Gebüschen sitzend danach Jagd machen sah. Das Falterchen flog den ganzen Tag über, wie auch hier zu Lande, wo man sie selbst im Sonnenscheine den Blütenstand von Hartriegel besuchen sieht.

Tinea sylvestrella Rtz. Die Raupe auf der Seeföhre bei Bordeaux in den Zapfen und Trieben, vor allem aber gemein in Gängen unter der Rinde, auch längs der Ränder der Harzlachen. Es quellen in dessen Folge grosse Harzbeulen aus welche, wie das Harz in den Lachen, durch die Auswürfe der Raupe verunreinigt werden. Im September 1855 fand ich ausgewachsene Raupen, aber auch Räupchen die erst ein Drittheil ihrer endlichen Grösse erreicht hatten. Zu Hohenheim zuweilen auf Weymouthsföhren. Im Sommer 1873 waren die vom Hagel beschädigten Schosse einer zehnjährigen Fichtenkultur des Reviers Güglingen von Raupen bewohnt, welche ich auf Grund eines verkümmerten Exemplars als sylvestrella (abietella) erkannte. Ueber ein Vorkommen in Tannenschossen berichtet Ratzeburg. [1]

Sollte abermals sie es sein, welche als braunköpfige Raupe im hiesigen Gehölzgarten die Wurzel der Schuppen von Cembrazapfen dermassen zerfrisst, dass diese fast auseinanderfallen? Es erscheint wahrscheinlich, nachdem Altum abietella als eine Hauptverwüsterin von Fichtenzapfen geschildert hat.

T. colonella Hbn. aus einem zu Wirnsheim im September 1865 hoch im Wipfel einer Fichte gefundenen Neste von Crabro medius erzogen am 2. Juni 1866.

T. crataegella Tr. Die ausgewachsene Raupe 14mm lang, sehr an caesiella erinnernd. Ihr Kopf gross, breit, bucklig, dunkel, röthlichweissscheckig. Ueber die Mitte des Rückens hinab eine breite gelbe, fein mit Purpurroth gemischte Binde. Hierauf folgt ein weisslicher Streif, mit Purpurroth gemischt und in den Seiten weiss endigend. Unterseite dunkel, in's Veilchenblaue stechend. Auf dem Kopf und auf der gelben Rückenbinde 4 starke weisse gekrümmte, in den Gelenken auf gelben Warzen stehende Borsten. Auf dem 2. und 3. Abschnitte 2 starke dunkle Haarwarzen; 3 weitere, kürzere, aber ähnliche Borsten in der seitlichen Binde jedes Gelenks, endlich eine sehr starke ganz in der Seite. Vorderbeine schwarz, Bauchfüsse dunkel mit schmutzigheller Sohle. Nachschieber roth. — Zahlreiche Raupenfamilien in leichtem Gespinnst; im Mai und Anfang Juni 1855 zu Hohenheim auf Weissdorn. Die Raupen sehr gefrässig. Sie halten sich in der Ruhe im Gespinnste stets in ziemlich gleicher Entfernung. Ebenso die schwarzen, langen, gestürzt und parallel schief hängenden Puppen. 30. Juni die ersten Falter. — Eine Familie nahezu ausgewachsener Raupen am 6. Juni 1857 im Wald auf Schwarzdorn. Dieser fast ganz von ihr abgewaidet. Daselbst im Oktober 1864 Familien kleiner kurzlich ausgekommener Räupchen. Mehrmals, auch in Gesellschaft von malinella, auf Wildapfel im Walde. Häufig von Ichneumonen bewohnt. Ende Juni bis Ende Juli Entwicklung der Falterchen (1850, 1863, 1871).

T. laricinella Bechst. Im Jahr 1846 waren am 26. März die Lärchenknospen im Begriffe sich zu entfalten. Bereits ergingen sich darauf viele nahezu ausgewachsene Räupchen von laricinella. Sie mussten überwintert haben, schon der Unmöglichkeit wegen sich im März passende frische Säckchen zu verschaffen. Von Mitte Mai ab entwickelten sich im Zimmer wie im Walde die Schmetterlingchen. Ende Mai klopfte ich viele Paare in copula in meinen Fangschirm; sogar schon früh Morgens fanden sie sich in diesem Zustand, und auch in einem Glase sah ich ein Paar Schmetterlinge in der Begattung. — In der Mitte Aprils 1848 wieder beinah ausgewachsene Räupchen auf den kaum entfalteten Lärchenknospen. Ende April Puppen. Mitte Mai Schmetterlingchen. — Aehnlich grosse Räupchen Ende April 1856. Desgleichen 1862 und Anfangs Mai eine Menge Falterchen.

T. malinella Zell. in Menge im nordwestlichen Frankreich auf Apfelbäumen und als Falter im Laufe Juli (1843), also zur gleichen Zeit wie bei uns erscheinend. Zur gleichen Jahreszeit daselbst auf Weissdorn T. variabilis Zell.

Tinea (Gelechia) gemmella L. nach Dr. Hofmann zu Stuttgart Ende Mai in Menge an herabhängenden jungen Eichenschösschen. Verpuppung wahrscheinlich zwischen Flechten. — T. (Microphoryx) purpurella Zell. in ungemeiner Anzahl Birkenblätter in fleckenähnlichen, durchsichtigen, von spiraligen Kothlinien durchzogenen Minen, welche die Räupchen früh verlassen, um am Boden zu überwintern und erst im folgenden Frühjahre zur phryganeenartigen Puppe und zum Falter zu werden.[1] — T. (Pnais) curtisella Don. Herbstminirerin der Eschenblätter, welche in der Rinde überwintert und im Frühjahr die jungen Triebe bewohnt, so dass sie herabhängen. (Dr. Hofmann.)

In den fleischigen Kotyledonen der Buchel lebt kurz nach der Keimung zuweilen ein Minirräupchen, dessen Name mir unbekannt ist.

Aderflügler.

Pemphredon insignis v. d. Lind. Im Gang eines Hylesinus poligraphus. Die Wespe lag vor ihrer Wohnung, worin sich zwei durch häutige Scheidewände getrennte Larven befanden, die im Mai das Ansehen hatten als wollten sie sich bald in Puppen verwandeln.

Sphex. Ratzeburg vermuthet, Forstins. III, S. 34, dass verschiedene kleinere Spheges: Stigmus etc., die ich in dürren Aesten und Gängen fand, dort „als Schmarotzer", also etwa nach Art der Ichneumonen oder Clerus, leben. Ich bestreite die Möglichkeit dieser Vermuthung für einen grossen Theil der Sphexarten nicht, denn ich fand einmal unter der Rinde junger Föhren und in Rindewiegen an der Lärche echte Spheges in vereinzelten Gespinsten und muss es in Ermanglung näherer Untersuchungen dahin gestellt sein lassen ob sie hier wie andere Spheges nur Quartier genommen, oder sich nach Art von Ichneumonen, d. h. als eigentliche Schmarotzer entwickelt hatten. Allein was Stigmus und ähnliche Spheges betrifft, so scheint mir die Annahme sehr gewagt. Pemphredon insignis traf ich am Ende eines Muttergangarms von Hylesinus poligraphus. Es war deutlich zu sehen dass der Gang ganz vom Käfer angelegt und von Pemphredon blos für seine Zwecke benützt worden war. Alte Bockkäfer- und Holzwespengänge an dürren Bäumen kann man nicht öffnen, ohne auf Sphexzellen zu stossen die in der leeren Ganghöhlung angelegt sind, oder durch Herausschaffen des Larven-

---

[1] v. Staint. Tineen. Vol. XII. pl. IV.

Bohrmehls den nöthigen Raum erhalten haben, Spuren darin aufgehäufter Blattläuse, Fliegen u. dergl. enthalten, und deren Scheidewände bald aus Harz, bald aus erdiger Masse, bald hautartig sind (Röhrenzellen, wie sie auf Seite 35 des zweiten Bands der Forstinsekten bei Sphex cephalotes nach Schuckard benannt wurden).

In unendlich vielen Fällen aber bedienen sich die Sphexarten nicht einmal verlassener fremder Gänge im Holze, sondern legen die ihrigen durch eigene Arbeit in weichem Holz oder Mark an. So die Sphexart die mir Ratzeburg zuerst als Psen atratus bestimmt hatte, später aber (Forstins. III, S. 34) als Sphex chrysostoma Kl. beschrieb und deren Gang in morschem Weidenholz ich nebenan abgebildet habe. So auch die vielen kleinern Sphegas welche die weiche Markröhre abgeschnittener Schosse von Sauerdorn, Rosskastanien, Weiden, Eschen, soweit sie abgestorben sind, selbst an markreichen Bohnenstecken und Stecklingen ausgraben und ihre Brut hineinsetzen. Ihre Beobachtung müsste äusserst lehrreich sein. Ich glaube dass wer im Freien wohnt und sich ein Bündel verschiedener abgeschnittener dürrer Schosse von grösserer und geringerer Markdicke vor sein Fenster hinge, mit Bequemlichkeit vielerlei sich in dem Holz ansiedelnde Spheges beobachten könnte.

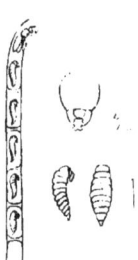

Die meisten kleinern (schwarzen) Spheges dürften nur einfache Generation haben, im April sich zu Puppen umwandeln und ungefähr nach vier Wochen als Wespen erscheinen. In vielen Fällen war mir unerklärlich dass die Larven im Gange nicht aus der gleichmässigen Entfernung unter einander kommen, wie die zum Theil gesponnenen Scheidewände entstehen und welche Pflichten das Mutterthier nach Ablegung der Eier unter die Nahrungsvorräthe noch zu versehen hat. — Was mir Ratzeburg als Sphex figulus L. bezeichnete, war eine Art die ich mehrmals einzeln im Winter als Larve im Gespinnst am Ende von Muttergängen des Eccoptogaster pyri fand, ganz ohne den Kitt mit dem das Mutterthier nach Ratzeburg's Forstinsekten sonst seine Jungen zu umgeben pflegt. Im Juni kroch das Insekt aus.

Zum Schluss einige Notizen, die ich im Juli 1848 zu Beuron, im obern Donanthale, niederschrieb. — In der Spitze von Bohnenstecken waren Sphexgänge, deren erster am Eingange die todte Mutter, mit dem Kopf gegen aussen gerichtet, barg, wie man solches öfters bemerkt. Ihr fingerlanger Gang war ganz mit todten, offenbar zur Nahrung für die jungen Larven bestimmten Blattläusen erfüllt. Ein zweiter fingerlanger Gang zeigte auf dem Grund eine starke Larve. Ueber ihr in absteigender Grösse und nahe über einander, ohne Scheidewand, weitere Larven, und gegen oben, wo die Röhre mit Blattläusen erfüllt war, mitten unter diesen ein gurkenförmiges Ei. — In einem dritten Gang, im untern sackförmigen Ende, mit dem Kopfe gegen oben, eine todte Sphex; darüber aber, von der Sphex durch gestampftes Mark geschieden, in der Mitte einer mit grossen Blattläusen erfüllten Zelle, ein gurkenförmiges Ei. In der wieder durch Mark geschiedenen nächsten, jedoch nach aussen offenen Kammer nur zerstreute Blattläuse. — In vierter Gang zeigte in Sackende honigartiges Wachs, hierauf folgte nach einem ebenso grossen leeren Raum eine steinige Scheidewand, an welche ein beutelförmiges, langes, leeres, hohl liegendes Gespinnst, nach Art der den Boden bewohnenden Sphexarten, angekittet war. In einiger Entfernung von diesem Kokon eine Scheidewand, an die ein durchsichtiges, kurzes, die Röhre ausfüllendes Gespinnst angewachsen war, auf der entgegengesetzten, äussern Seite durch eine braune Membran abgeschlossen. — Ein fünfter Gang zeigte in aufsteigender Linie in dem auf dem Mark aufsitzenden Sackende eine grosse rothe Larve, sodann eine Scheidewand aus gestampftem Mark, darauf eine ähnliche Larve und eine ähnliche Wand. Hierauf folgte in einem Raum so gross als die beiden Zellraume zusammen, mit ziemlich fein zermalmtem Mark, worunter Blattlausbeine gemengt, endlich fast ebenso viel todte Blattläuse. — In einem sechsten Gange fand ich mitten unter schwarzen Markresten drei grosse grünliche Larven. — Dass an diesen Gängen vielleicht noch Chrysiden und andere Hymenoptern Antheil nahmen, finde ich möglich. Besonders interessant war mir das gelbe Honigwachs das ich in noch andern Gängen mit junger Brut bemerkte und wovon jede Larve eine gehörige hufeisenförmige Ration besass. Vor meinen Augen zehrten sie daran. Ueber der auf dem Honigwachse liegenden Larve fand sich eine grüne Exkrementenschicht. — Mögen weitere Beobachtungen das manche Räthselhafte und anscheinend Widersprechende der vorstehenden pünktlichen Angaben entwirren.

Apis (Anthophora) centuncularis L. schneidet nicht blos an Rosenblättern sondern auch an einer ganzen Reihe anderer Holzarten ihre eigenthümlichen kreisrunden und länglichen Blätterstücke ab, um sie in einem faulen Ast oder dem Boden zu den so merkwürdigen Röhrenausfüllungen zu verwenden. So an Buche, Kornelkirsche, Jungfernrebe, Birnbaum, Staphylea, Ailanthus, Acer tataricum (Dreissigacker, September 1861).

Vespa crabro L. 3. Juni 1873 eine Hornisse am schaumigen kleisterartigen Ausfluss eines bis ins Kambium eindringenden Bockkäfergangs an einer Kopfholzweide, Möhringen. — Am 29. April 1872 eine solche, dem süssen Saft einer Kolonie Psylla crataegi an den Blütenstielen des Weissdorns nachgehend.

Formica herculeana L. Es scheint mir dass die Bruten dieser Art etwas früher fertig werden als die der übrigen. Wenigstens fand ich im Sommer, schon zu einer Zeit in der die Andern noch Larven oder Puppen haben, viele geflügelte Individuen. Auch sah ich im Jahr 1848 ein Paar schon in den ersten Tagen Juli schwärmen. Zu Kreuth bemerkte ich viele einzelne Weibchen die in alte Xylophagengänge im Holze, manchmal, wegen deren Enge, mit vieler Mühe eindrangen. Diese Weibchen hatten bereits ihre Flügel verloren. — Ausser in anbrüchigen Föhren auch in solchen Eichen, Linden, Robinien hausend. — Zu Bordeaux in den Seeföhren lebt eine durch Grösse und Bau der herculeana sehr verwandte aber schwarze Ameise, Formica pubescens F., welche das erste Insekt ist, das sich im Splinte der Föhrenstöcke, vielleicht schon ein Jahr nach dem Hieb einnistet und denselben gänzlich durchwühlt. Sonst erscheinen doch die Ameisen erst wenn die Zerstörung bereits vorgeschritten ist. Nachdem diese Ameise schon lang im Besitze des Splints ist, erscheint die weisse französische Termite und trägt weiter zur Zerstörung des Holzes bei. — **F. rufa L.** Was bedeutet bei der gemeinen Hügelameise die im Sommer oft zu sehende Gewohnheit, dass Arbeiterinen einander in den Kiefern tragen? — **F. (Myrmica) caespitum L.** Ueber diese in trockenen Jahren unser Interesse so sehr in Anspruch nehmende Art habe ich anderweitig berichtet.[1] Seit jener Zeit war es mir erst neulich wieder vergönnt, den Kerf zu beobachten. — Im August 1867 nämlich zu Dobel und Ende August 1878 zu Liebenzell sah ich die Ameise im Zusammenhange mit ihren Lufttänzen auf den Kleidern der Beobachter und auf dem Boden sich begattend, so dass das a. a. O. von Linné beigezogene Zitat „depluentes per paria juncta" sich bestätigt.

Lyda betulae L. Die nach Art einer Wicklerraupe in einer Falte eines zarten Blattes auf Birke lebende Afterraupe ist grün mit dunklen Augen und Zähnen, schmaler dunkelgrüner Mittellinie, je nach den Bewegungen gelben Querrunzeln, auch gelber Farbe des Afterklappenrandes und der Seitenanhängsel. — **L. clypeata Kl. (pyri Schr.)** Anfangs Juli 1878 dahier auch auf Vogelbeer. — **L. erythrocephala L.** Im April 1850 zu Hohengehren auf dem Schurwald unter einer sonst weit und breit von Nadelholz entfernt stehenden starken Pinus cembra, auf der sie ohne Zweifel als Afterraupe gelebt hatte. — Desgleichen im April 1859 ein Männchen am Boden unter einigen isolirt stehenden Weymouthsföhren. Hohenheimer Revier. Endlich, mehrere Jahre hinter einander, besonders 1878, Wespen und Afterraupen im hiesigen botanischen Garten auf Arve, Pinus cembra, sparsamer auf Pinus excelsa Pall. — Ratzeburg kannte, scheint es, die Eier dieser Art nicht. Im April 1878 fanden sie sich auf halber Länge der Nadeln, doch auch öfters gegen deren Spitze auf einer der innern platten Seiten einer oder mehrerer Nadeln eines Büschels, und zwar selten zu wenigen, meist zu 6 bis 12 in einer schönen Reihe frei aufgelegt. Sie sind frisch fast dottergelb, später schmutziggelb gleichmässig gestreckt gurkenförmig, sich mit ihrem stumpfen Ende fast berührend. — Offenbar ist es die Afterraupe von erythrocephala welche ich auch am 27. Juni 1859, auf dem Hohenstaufenberg an Weymouthsföhren fand und folgendermassen schilderte: röther als campestris und ähnlich der von Ratzeburg abgebildeten pratensis, aber Rückenbinde nicht in Dreiecken wie dort angegeben. Gespinnste kotharm. Manchmal 2 oder 3 Individuen fast gesellig oder in demselben Gespinnste. Diese an den vorjährigen Schossen oder in der Nähe der Quirle. — **L. hypotrophica Hrt.** Im Juni 1855 zu Hohenheim nicht selten auf hohen und mittlern Fichten. Eine grössere Verwüstung durch den Kerf hatten wir im Jahr 1862 in der Nähe des Bodensees.[2] Der damaligen Schilderung ist nachzutragen dass sich die Beschädigung im zweiten Jahre, d. h. 1863, und im dritten Jahre, 1864, aber in abnehmendem Grade, wiederholte. Der Bestand sah in Folge der daran hängenden Kothsäcke, roth und schlecht aus. Da aber die Bäume nur theilweis entnadelt worden waren, erholten sie sich wieder und ging kaum ein Baum ein.

Hylotoma berberidis Schr. entblättert manchmal die Berberissträucher so dass man kaum das Futter für eingezwingerte Larven bekommen kann. Sie verpuppen sich in einem maschigen Kokon an der Erde. Anfangs Juli und noch früher schwärmen eine Menge Wespen an den Gebüschen. Viele aber bleiben auch bis zum folgenden Frühling liegen, wenn sie nicht gar, was ich allen Grund habe anzunehmen, noch später erst ausschlüpfen. Das Insekt lasst sich besonders leicht beim Eierlegen beobachten; selbst auf Zweigen im Zimmer bohrt es, ohne sich stören zu lassen, seine Eier vermittelst des dolchförmigen Legstachels in die Blätter. Am 6. Juni 1861 legte eine Wespe ihre Eier in die Blattspreiten auf Berberis

---

[1] Kritische Blätter. 43. Bd. H. S. 294
[2] Kritische Blätter. 47. Bd. I. S. 248

aquifolium. Eier 1mm5 lang, gurkenförmig, weiss, glatt, mit einzelnen kaum sichtbaren seichten Längsrippen. — Cladius uncinatus Mus Klug. Die Larve lebt im Herbst auf Ulmen. Die Wespe schlüpft im Mai aus. Sie befestigt ihr braunes Gespinnst, wenigstens in der Gefangenschaft, an Blättern.

Lophyrus rufus Fall. Im Jahr 1847 an das K. Finanzministerium als schädliches Insekt eingekommen. Von Mitte August an die Wespe. Doch fand ich im November 1848 noch eine lebende Puppe im Kokon. Also findet auch hier die interessante Verspätung einzelner Individuen statt. — Im Jahr 1848 fand ich wieder Familien von Lophyrus rufus, und zwar hatte ich Kokons um Mitte Juni; im Oktober waren alle Kerfe ausgekrochen und todt im Zwinger. — Die Familien die ich im Jahr 1851 fand, entwickelten sich im September und Oktober. — Somit herrscht in Bezug auf die Entwicklungszeiten bei uns vollkommene Uebereinstimmung mit den Angaben Ratzeburg's. Im Mai 1856 brachte man mir abermals Larvenfamilien von Föhren aus dem Stromberger Forst. Anfangs Juni spannen sie sich ein. Im September krochen die Wespen aus. Das spricht sehr für die Hartig'sche Annahme einfacher Generation, es müsste denn der auffallend späte Frühling 1856 die Frühjahrsbruten verzögert haben. — In den Revieren Ensingen und Kleingartach des genannten Forstes wurden auf Föhrenschonungen ziemlich namhafte Raupenmengen gesammelt.

L. pini L. Auch ich habe L. pini auf Pinus sylvestris neben Pinus pinaster gefunden, ohne dass letztere von den Raupen bewohnt gewesen wäre. An den entnadelten Trieben der jungen Föhren hatten die Endknospen wieder ausgetrieben, übrigens etwas später als die andern. An den Stämmchen deren obere Krone ganz abgefressen worden war, entwickelten sich alle Knospen gleichzeitig, weil der Saft wahrscheinlich im verschonten Theil der Aeste seine Verwendung nicht rasch genug finden konnte. Ein ander Mal übrigens sah ich auf Pinus pinaster eine Spinne die eine Larve von pini verzehrte. Ohne Zweifel kommt somit pini auch auf pinaster vor. Schliesslich einen Fall merkwürdiger Verspätung der Wespenentwicklung bei ihr. Ende September 1842 brachte mir mein Freund Riegel eine Larvenfamilie die sich Mitte Oktober einspann. Die Mehrzahl der Individuen schlüpfte im Juli 1843 aus. Drei Stück blieben als Larven im Gespinnst bis Juli 1844. In den ersten Tagen dieses Monats noch Larven, erschienen hierauf die Wespen gegen Ende Juli. — Ein grösserer Frass von Lophyrus pini fand 1857 im Bodenseerevieren Tettnang statt.[1] — Im Oktober 1863 und im Oktober 1864 fand ich nahezu erwachsene und ausserordentlich blasse Familien von Afterraupen, aus denen nichts als pini hervorgingen. Mehrere unter den Raupen hatten nicht einmal den sonst charakteristischen Punktstrich unter den Bauchfüssen. Sollte die auffallende beingelbe Farbe mit der späten Jahreszeit zusammenhängen? — **Tenthredo (Nematus) abietum Hart.** machte sich in Württemberg in einigen Jahren sehr bemerklich. So im Mai und Juni 1869 und 1870 zu Weingarten, im Juni 1861 und 1862 im Uracher Forst und ein ander Mal im Schwarzwald.

Tenthredo (Selandria) fulvicornis Klug. bekanntlich sehr häufig als Larve in den Pflaumen, findet sich auch in Früchten der Schlehen welche zu sogenannten Narren ausgewachsen sind (Alb, Ende Juni 1879). — Früher, Ende Juni 1870, hatte ich sie in Menge zu Ratzenburg auf der Alb in jungen Apfelbäumen gefunden. Nach Glaser wäre jedoch diese Afterraupe des Kernobstes, zumal der Birnen, Tenthredo brunnea Kl. — In den Schlehennarren fand sich kaum genug, um wenigstens vorläufig den Kothausführungsgang überflüssig zu machen. An den maiskorngrossen Aepfelchen waren die Kothöffnungen ausnahmlos vorhanden.

T. (Selandria?) Die schneckenähnlich schmierige Afterraupe welche die Unterseite der Eichblätter so befrisst dass nur Nerven und Oberhaut daran verbleiben, ist zeitweilig äusserst häufig. Im September 1859 sah ich bei Frankfurt ein ganzes durch sie braun gemachtes Gehölz, nachdem man mir im August gleichen Jahres von Aulendorf aus über namhafte ähnliche Entblätterung geklagt hatte. — **T. (Allantus) nigerrima Kl.** Anfangs bis Mitte Mai 1867 in Menge um eine Eschenlaube schwärmend, die Jahrs zuvor von der Raupe gelitten hatte. Beim Legen der Eier in die sich eben öffnenden Knospen brauchte sie nur kurze Zeit, so dass sich keine Gelegenheit zu Beobachtung des Verfahrens bot. Von Mitte Mai bis Anfang Juni wurden die Eschenblätter von den sich an der Rückseite haltenden hellgrünen Afterraupen skelettirt. Anfangs Juni liessen sich diese erwachsenen sämmtlich herabfallen, um sich zu verpuppen. Sie hatten ihre jetzige schmutziggrüne, streifenlose

---

[1] Kritische Blätter 43. Bd. II, S. 285.

Nördlinger, Lebensweise von Forstkerfen.

gewordene Färbung noch auf dem Baume bekommen. Ende April und Anfangs Mai 1868 noch stärkeres Schwärmen der schwarzen Wespen als im Jahre zuvor. Ende Mai wieder die sehr sichtbare Entblätterung, aber auch lebhaftes Fliegen von Ichneumonen, wovon eines am 23. Mai vor meinen Augen mehrere kaum zu ein Drittel ihrer endlichen Grösse gelangten Afterraupen anstach. Bei der einen der letzten bemerkte ich keinen Widerstand, eine andere schlug um sich. Im Jahr 1869 zur gleichen Zeit eine Unzahl Wespen, die sich wieder auf den eben sich öffnenden Knospen begatteten. Den ganzen Tag über, so lange die Sonne warm schien, dauerte das Eierlegen. Trotz massenhafter Vertilgung der Weibchen mit einem theergetränkten Pinsel, womit man dieselben betupfte, welchem der schwarzen Farbe wegen auch die Männchen zuflogen, und abendlichen Abschüttelns der Wespen in Tücher, trotz Bespritzens mit Seifenwasser, Lauge u. dergl., der jungen, und späteren kräftigen Abschüttelns der heranwachsenden Afterraupen wurde die Laube abermals und dies Mal vollständig abgefressen. — Später hörte die Verheerung ohne augenfälligen Grund ganz auf.

Tenthredo tricincta F. Die Afterraupen Anfangs Oktober 1853 zu Kirchheim im Wald auf den einjährigen Schossen von Lonicera xylosteum.

T. spec. Anfangs Juni 1870 fand sich hier im Garten auf Pyrus spectabilis eine gesellig lebende Afterraupe, welche ganze Zweige entblättert und von den Blättern nur hatte die Mittelrippe stehen lassen. Ein Spätling hatte gelben Kopf und gelben Körper mit etwas grün nur in dessen Mitte, schwarze Luftlöcher und gegen vorn zerstreute schwarze Punkte. Sie spann ein Kokon Mitte Juni. Bereits etwa zehn Tage nachher war die vollkommene Wespe entkommen. — Dieselbe Art Ende Juni 1879 im Wald auf der Alb in zahlreichen Gesellschaften auf Wildapfel.

Cynips. In den Forstinsekten III, S. 57 noch spricht sich Ratzeburg dahin aus, dass das Eierlegen der Gallwespen gewiss nicht vor April stattfinde. Doch berichtigt er solches in den Waldverderbern. 1860, II, S. 294 und bezeichnet als Brutzeit den Frühling, wenn das Laub noch gar nicht ausgebrochen sei. Letzteres sicherlich die richtigere Angabe für eine namhafte Anzahl Arten. Im Frühling, lange schon ehe die Eichenstockausschläge oder Zweige der starken Eichen ausschlagen, sitzen Gallwespenarten an den Knospen und sind mit dem Einstechen der Legröhre in die Knospenschuppen beschäftigt. Sodann geht die Frühzeitigkeit ihres Erscheinens aus der Entwicklungszeit mehrerer der gemeinsten Arten hervor, z. B. der C. quercus folii, der von mir beschriebenen C. aptera an den Eichenwurzeln, endlich der merkwürdigen elephantenlausförmigen C. Sieboldi am Wurzelstocke junger Pflanzen. Erstere frisst sich schon im November und Dezember aus dem Gallapfel, die zweitgenannte läuft schon im Winter auf dem Schnee umher, und die dritte bringt bereits im vollkommenen Zustande den Winter in ihrer Zelle zu, alle drei ohne Zweifel um das erste Frühjahr zur Brutthätigkeit zu benützen. — Beim Oeffnen einer Zelle der genannten Sieboldi Ende Februar 1863 fand sich neben einer todten schon bröcklichen Gallwespe eine (oder einige) Made welche wohl, da die Nachbarzellen gesunde kräftige lebende Gallwespen enthielten, am frühen Ende ihrer Wirthin Schuld gewesen. — C. aptera F. Lebensweise und Abbildung der Gallen des Kerfs u. Kritische Blätter. 45. Bd. II, S. 259.

C. (Ibalia) cultellator Latr. mit Sirex juvencus sich aus Föhrenholz entwickelnd. Juli 1867. Früher, vor Jahren, in grosser Menge mit juvencus fliegend, die sich in Fichten einbohrte. Hohenheim.

Ichneumon. Eine Art aus der Reihe der echten Ichneumoniden am 1. Juni 1863 bei Sonnenschein, unter beständigem Flügelschlagen mit einer wahren Berserkerwuth und von allen Seiten her stechend eine auf Eichen sitzende Tenthredo-Afterraupe von der gemeinen schwarzgabelkörnigen, schwarzköpfigen Art mit eilf Paar Beinen, worunter helle Brustfüsse, und äusserlich bereits mit einem Tachina-ei besetzt. — I. (Raptrocerus?) xylophagorum? oder eine andere beobachtete mein Freund, Forstmeister Burckardt zu Ochsenhausen, im sogenannten Fürstenwalde den ganzen Juli 1870 über in Menge an Fichtenfangbäumen mit ab- und zufliegenden Typographus-Käfern. Diesen lief die Wespe nach, um ihnen auf den Rücken zu springen und in die Kluft zwischen Brust und Hinterleib, manchmal auch an der abschüssigen Stelle die Legröhre einzusenken und nach einiger Zeit, oft wie betäubt, wieder abzulassen.

I. (Pimpla) persuasorium L. sieht man seine Eier in alte Stöcke, sowie in junge, abständige Tannenstangen einbohren. Sie benützt hiezu alte, tief ins Holz dringende Fluglöcher von Sirex (im Beobachtungsfall wahrscheinlich spectrum, wovon einige Männchen am Stamme liefen). Ueberhaupt ist sie die Verfolgerin der

Sirexlarven im Nadelholz. Einmal fand ich sie so fest mit dem feinsten Faden der Legröhre eingebohrt, dass sie diese erst nach einiger Zeit und mit grosser Anstrengung zurückziehen konnte.

1. (Alejodes) circumscriptum Wsm. wie im Anfang 1845 zu Hohenheim (Ratz. Ichneum. II, S. 35), so im Anfang August 1846 aus Vinula zu Hebenhausen. Winter lagen die Kokons unter der Haut der Raupe schief nach hinten unter sich parallel. Merkwürdiger Weise in beiden Fällen übereinstimmend nahezu dieselbe Zahl Wespenlöcher, 18 und 17, auf dem Rücken. Die eine Raupe war um eine Häutung früher zu Grunde gegangen. Ihre Kopfbreite war nur 3mm5. Ihr Nacken noch dunkelbraun mit zwei seitlichen Zipfeln. Die andere hatte 5mm1 Kopfbreite und hellen Nacken mit zwei dunkeln Eckpunkten.

Sirex gigas L. überraschte ich hier im Juni 1847 eben beim Einbohren ihrer Legröhre in einen Lärchenfaugbaum. Im obern Kautal, wo Fichte und Föhre fehlen, ist sie in der Tanne, welche sie bei uns im Schwarzwalde bewohnt. — S. juvencus L. ist in Schwaben nicht blos in Föhren, sondern auch häufig in Fichten und Tannen zu Hause, verfolgt allerdings zuweilen von Cynips cultellator. S. spectrum L. Das Männchen fand ich schon im Jahr 1841 in mehreren Exemplaren an einer von Sirexlöchern durchbohrten Tannenstange zu Wildbad im Schwarzwald. — Einer Etikette des sel. Herrn Pfarrers Hahn entnehme ich, dass dieser auf dem Schwarzwald ein Paar in copula auf einem Fichtenstamme fand. Endlich beobachtete einer meiner Schüler, Herr C. Groner, zwei Sirex spectrum, ebenfalls auf dem Schwarzwald, Anfangs Juli 1851, an löcherigen Fichtenstöcken. Demnach dürfte die Bechstein'sche Angabe von „Tanne und Fichte" als Wohnbäumen der spectrum keinem Zweifel mehr unterliegen.

Xyphidria camelus L. Im Jahr 1850 zu Winnenden in grosser Menge in starken Erlenstangen, welche unermüdet als Wiesenschranken dienten. Männchen ziemlich selten. Anfangs Juni, also lang ehe die Nadelholzsirices auskommen, Entwicklung aus der Wiege. Am 7. Juli 1850 bemerkte ich das Insekt auch zu Kreuth in Tirol, konnte seiner aber nicht habhaft werden.

Zweiflügler.

Tipula (Cecidomyia) fagi Hart. Die Mücke fliegt ohne Zweifel auch schon früher denn April, welchen Monat Ratzeburg als Flugmonat bezeichnet. Im Oktober 1850 gesammelte, allerdings einige Tage in der Tasche verbliebene Gallen lieferten im ungeheizten Zimmer aufbewahrt Mückchen welche bereits im Februar 1851 todt neben ihren Gallen lagen. Im Jahr 1857 waren diese auf der Buche so massenhaft dass sich Aeste und Sträucher unter ihrer Last bogen. Im Winter darauf war der Boden im Buchenwalde bestreut mit den Gallen. Diese enthielten mehrentheils die Schnakennymphe. Die andern waren wohl durch einen Vogel angehackt und geleert. Nagespuren wenigstens fanden sich daran nicht.

T. (Cecidomyia) praecox Winn. ein 2mm5 langes und 7mm Flügelspannung zeigendes Schnäkchen mit schwarzem Kopf und schwarzen Fühlern, grauem, schwarzgestriemtem Brustrücken, fleischrother Flügelwurzel, grauen Schwingern und rothgrauem Hinterleib. Dieser wie die schwarzgrauen Beine weissgelbborstig.

Kaum hat man an einem milden Januar- oder Februartag ein fingergrosses Loch bis in den Splint einer Eiche gebohrt, so finden sich, wie später im März in den Eichenholzschlägen, die kleinen Schnäkchen in Anzahl ein und legen vermittelst ihrer langen Legeröhre ihre Eierchen in die offenstehenden Holzporen(-gefässe) und zwar vornämlich diejenigen des Splints, selten des Kernholzes. Die im Holze steckende Legeröhre hindert sie häufig zu entfliehen. Schneidet man das Holz in der Richtung der Fasern durch, so bemerkt man auf 5 bis 6mm Tiefe unter der Oberfläche 1/4mm lange Eier einzeln und fest angeklebt, so dass sie beim Anstossen nicht abfallen. Sie sind keulenförmig, fast glasartig durchsichtig und glänzend. Ihre spitze Seite ist dem Holzinnern zugekehrt und zeigt ein, man möchte sagen rothes gestrecktes Eingeweide. Binnen weniger schönen Tage ist das Eierlegen, welches die Schnäkchen mit grosser Lebhaftigkeit und bei milder Witterung bis in die Nacht hinein betreiben, vorüber. Ihr Leben geht damit zu Ende und ein grosser Theil stirbt an Entkräftung mit im Holze steckendem Legstachel, so dass ihre Leichen vom Winde hin und her getrieben werden. Männchen findet man zur angegebenen Zeit nicht. Die Weibchen müssen im vorhergehenden Herbste schon befruchtet worden sein. Daher ihr grosser Drang zum Eierlegen, welches sie höchstens dadurch unterbrechen dass sie sich am feuchten Eichensplint, manchmal wahrscheinlich auch an der nassen Erde mit tiefgesenktem Kopfe den Durst löschen. — T. (C.) betulae Winn. in Menge im ersten Frühling 1872 aus krüppelhaften Birkenzapfen. Schiner fand am einen Stücke 2 + 12 Fühlerglieder, statt 2 + 10 bis 11, erklärt aber diese Differenz aus dem häufigen Verwachsensein des letzten und vorletzten Gliedes und der vorkommenden Inkonstanz der Fühlerglieder bei den Cecidomyienarten. — T. (C.) limbitorquis Bé. in Menge und von sehr rascher Entwicklung in umgeschlagenen Blatträndern kräftiger Schosse von Salix viminalis L.

Kiefernscheidegallmücke. Tipula brachyptera Schwägr. Ich habe über diese von Zimmer unter die sehr schädlichen Forstkerfe gesetzte kleine Mücke zur Bestätigung der von Ratzeburg[1] ausgesprochenen Ansicht zu bemerken, dass ich sie unter die ganz unmerklich, wenn nicht ganz unschädlichen glaube rechnen zu sollen. Bei aller Aufmerksamkeit auf gelbe Föhrennadelpaare, deren ich seit Jahren vergeblich manches Hundert geöffnet habe, fiel sie mir erst heuer, Ende Oktober 1862, als gelbrothe Made in den Nadelscheiden eines bereits auch von andern Kerfen beschädigten Föhrengipfelschosses in die Hände. Die gelben Nadelpaare so vertheilt, dass der Schoss davon gelb, „stichelhaarig" aussah. An den unendlich vielen Schossen der kräftigen Föhrenschonungen, die ich Jahr aus Jahr ein durchstreifte, war sie, ich darf das dreist behaupten, nicht vorhanden und wäre sie es auch in dem Mass dass ein Drittel der ganzen Nadelmasse dabei zu Grunde ginge (Ratzeburg spricht von höchstens ein Zehntel), so könnte doch von einem wesentlichen Einfluss auf den Zuwachs die Rede nicht sein. Man hat offenbar die Beschädigung durch Kerfe welche nur einen Theil der Blätter oder Nadeln vernichten, bisher übertrieben hoch angeschlagen.

Sciara (Diplosis?) Männchen kaum 4 mm lang, bei 7 mm6 Flügelspannung. Fühler mit 2 breiten kurzen Grund- und weitern 14 allmählich dünner werdenden gestreckten eigentlichen Fühlergliedern, schwarz, wie die grossen hervortretenden Augen. Mundtheile, Flügelwurzeln und alle Einschnitte schmutzig-grau-gelblich. Scheitel sammt dort sitzenden 3 Nebenaugen und Brustrücken mit Ausnahme eines hellern glänzenden Mittelstreifens schwarz. Flügel mit den regelmässigen Adern der Gattung, die gestreckten Schwingerkolben, Schenkelstützen und Rückenschilder des etwas aufgetriebenen Hinterleibs, matt schwarzgrau. Spitzen der mit Doppeldornen an den Schienen versehenen Beine und vorgestreckte grosse nach innen zackige männliche Zange schwarz. Weibchen 4 mm2 lang, bei 8 mm7 Flügelspannung. Fühler viel kürzer, nur 1 mm 2 lang, mit kürzern gedrungenen Gliedern, schwarzgrau. Augen und Vorderthorax schwarz. Beine schmutzig gelblich rauchschwarz. Flügelwurzeln und Seiten des Hinterleibes schmutzig graugelblich. Rücken des letztern rauchgrau, nur die Hinterränder und ein kreisabschnittförmiges Stück am Vorderrande des zweiten deutlichen Hinterleibsringes hell. Bauchseite mit 6 paralleltrapezförmigen dunkeln Mittelflecken. Kleines Gäbelchen an der Spitze des Hinterleibes schwarz. Sonst wie das Männchen. — Als äusserst durchsichtige gestreckte, etwa 10 bis 12 mm lange Made mit schwarzem Punkt am Kopf und durchscheinendem, fadenförmigem Darm an Fichten, zwischen den Nadeln am Zweig oder ausgestreckt längs der Nadeln sitzend. Von was lebt sie hier? Kurz, d. h. einige Tage nach dem Einsperren vollwüchsiger Maden findet man an deren Stelle graue kurze Tonnen von griseliger rauher Oberfläche. Sie bergen eine gelbliche, vollständig gemeiselte Puppe, aus der nach wenigen Tagen die Schnake auskriecht, welche die Puppenhaut, aus der Oeffnung der Tonne weit heraushängend, zurücklässt. Ende Juni 1863 die Schnake.

Ctenophora atrata L. aus faulem Holze von Populus monilifera im Mai ausgeschlüpft. Sonst treibt sie sich auf Zimmerplätzen an altem Eichenholz herum, um ihre Eier abzulegen. — **Syrphus pyrastri L.** In der entomologischen Zeitung vom Jahr 1848 berichtete ich das Vorkommen zahlreicher todter pyrastri in faulen Föhrenstöcken und knüpfte daran die Frage wie dieselben in die Stöcke hineingekommen sein möchten. Jetzt beantworte ich diese Frage dreist dahin dass es eine Sphex oder ein nach Sphexart lebender anderer Aderflügler war, der die Fliegen geraubt und zur Nahrung seiner Brut in einem alten Insektengange des faulen Stocks aufgespeichert hatte.

Syrphus (Chrysochlamis) ruficornis F. Im September 1875 bemerkte ich zu Friedrichshafen in der Allee nach dem Seewald an einem Spitzahorn gegen dessen Fuss aus der Rinde dringenden weissen Schaum der sich von innen heraus erneuerte und äusserst zuckerreich schmeckte, daher auch Falter, z. B. den Admiral, sowie Fliegen anlockte. Nähere Untersuchung zeigte zwischen Rinde und Holz eine ziemlich weite Zuckersaftgalle, in welcher eine Anzahl Fliegenmaden schwelgten, welche in der Rinde nach Hause genommen und in

---

[1] Forstinsekten III, S. 161.

einen Glaszwinger gesetzt wurden. Mitte Mai 1876 lagen darin 1 todte Fliegen der angegebenen Art. Es fragt sich woher der Zuckersaft rührte. Vermuthlich aus dem Splinte. Der an die Galle anstossende Bast schmeckte nicht nach Zucker.

Tachina. Im Sommer 1855 machte ich eine Beobachtung, die ich kaum mitzutheilen wage, so abnorm erscheint dieselbe. — In einem Zwinger worin ich Obstbaumraupen erzog (ob mehrere oder blos die nachfolgenden, kann ich nicht mehr angeben), hatte sich eine Bombyx neustria und eine coeruleocephala versponnen. Neben der Puppe der coeruleocephala, in deren Gespinnste, lag eine Tonne von Tachina. Da ich eine entsprechende Oeffnung fand, die von dem einen Gespinnst zum andern führte, nahm ich an dass die Larve der Tachina von dem Gespinnste der neustria zur coeruleocephala herübergekommen sei, und dies zur Zeit der eben erfolgten Verpuppung der coeruleocephala-Raupe, denn die Puppe zeigte an der Schulter den flachen Eindruck der neben ihr liegenden Tachinentonne von 7^{mm}5 Länge. Nun kam die Tachinentonne nicht zur Entwicklung. Die am 27. Juni anscheinend noch gesunde neustria-Puppe aber, in der ich, um sie als völlig normal anzusprechen, nur das Schlagen mit dem Hinterleib vermisste, lieferte nach einer Notiz in den ersten Tagen Juli einen Falter mit krüppelhaften Flügeln, aber sonst fehlerlos. Seine leere Puppenhülse und die Puppe von coeruleocephala legte ich darauf in eine kleine Schachtel, in der sich nachher, im Winter 1855/56, neben der leeren Puppenhülse von coeruleocephala ein todtes coeruleocephala-Weibchen fand, das, wie es scheint, nur wegen engen Raums etwas krüppelhafte Flügel bekommen, den Staub der letztern durch Flattern verloren und viele taube Eier in dem Schächtelchen abgelegt hatte.

Läuft nun bei meiner Beobachtung nicht ein grober Irrthum unter, den ich anzunehmen zu dürfen nicht glaube, oder hat mich nicht in diesem Fall meine sonstige Pünktlichkeit im Eintragen von Notizen verlassen, so muss ich annehmen dass eine Tachinenlarve in einer Raupe (neustria) unter seltenen Umständen sich entwickeln könne, ohne das Individuum zu tödten. Als Analogon vergleiche man Ratzeburg's Ichneumonen I. Bd., S. 19, 69. — Vorstehende Notiz bestimmte meinen Freund Riegel, mir eine ähnliche Beobachtung aus dem Jahr 1841 mitzutheilen. Aus einer Puppe von Bombyx pini kam bei ihm ein etwas schmächtiger Falter mit einer Narbe an der Unterseite des Hinterleibs. Neben ihm lag ein Tachinatönnchen welches später auskroch.

Ratzeburg schildert das Widerstreben von Schwammräupchen gegen die eierlegende, wie er mit Dahlbom sagt, stechende Tachina. Bei Afterraupen sah ich den Akt des Eierbelegens ohne allen Widerstand vor sich gehen. [1]

Musca (Anthomyia) Ratzeburgii Hrt. Die Made dieser Keimlinge zerstörenden sogenannten Aschenfliege, beschrieben und abgebildet von Th. Hartig,[2] vergass Ratzeburg in seinen Werken nachzutragen.

M. (Trypeta) Meigenii Low. ohne Zweifel die gelbe Schneckfliege die aus den Beeren von Berberis vulgaris und aquifolium sich entwickelt. Aus Beeren gesammelt im Herbst 1857 kam ein Stück im Mai 1859 aus. Die neben ihm im Zwinger vorhandenen todten Fliegen scheinen im Mai 1858 ausgekommen zu sein. Es bestände demnach auch bei Dipteren Zweijährigkeit der Generation oder Ueberliegen in Folge der Austrocknung der bewohnten Beeren. — Bei Gelegenheit der Schilderung der Lebensweise der Dipternlarven dürften wohl auch die oft so zahlreichen Maden Erwähnung verdienen, die man im feuchten Mulm der alten Borkenkäfer-, besonders aber der Bockkäfergänge findet. Sie werden von Laien häufig für die Urheber des Mulms gehalten.

---

[1] Kritische Blätter. 51. Bd. II, S. 264.
[2] Forst- und Jagdzeitung, Januar 1856, und Kritische Blätter. XI. Bd. I, S. 155.

Halbflügler.

Cimex. Ratzeburg nimmt an dass bei der Wanzenernährung die vegetabilischen Säfte keine grosse Rolle spielen. Ich bin in Bezug auf die erwachsenen Wanzen hiermit einverstanden. Dagegen fand ich junge Wanzenfamilien auf Zweigen starker Fichten und auf jungen Föhren, welche keine Spur von andern Kerfen zeigten und somit doch wohl die sich noch gesellig haltenden Wänzchen durch den Pflanzensaft ernährt hatten. Die Art war ohne Zweifel rufipes, wenigstens waren die verlassenen Eier die von Ratzeburg abgebildeten niedlichen braunen bronzirten. Ferner fand ich Ende Juni 1855 auf einem einjährigen Eichenmittelwaldschlag eine Menge zu dreiviertel erwachsener Wanzen, dem Ansehen nach griseus oder eine sehr verwandte. Die meisten hatten ihren Schnabel saugend im jüngsten Theil der Eichen- und Salweidenschosse stecken. Im Sommer 1856 wohl dieselbe Art in Unzahl an jungen Eschentrieben. — Das muss auch so sein, denn die Wanzenbrut wäre, in der Hauptsache auf thierische Nahrung angewiesen, doch allzu unsicher in die Welt gestellt. — Die Brut von Cimex juniperinus L. hatte ich Ende Mai 1849 auf einem Lindenblatt zu beobachten Gelegenheit. Erst waren die Eier des ganzen Nests grün. Dann färbten sie sich so eigenthümlich dass man glaubte, aus dem Innern des Eis sehe ein Vogelkopf mit schwarzem Schnabel und rothen Augen hervor. Endlich wurde wie gewöhnlich der Deckel abgestossen. — Anderweitig [1] schilderte ich die Ueberwältigung einer grossen Heuschrecke durch eine junge rothbeinige Wanze.

Aradus depressus F. unter der Rinde einer anbrüchigen Fichte. Hohenheim, Mai 1842. — **A. brevicollis Fall.** unter der Rinde fauler Buchenstöcke. Kreuth, Juni 1850. — **Cicada sanguinolenta L.** als Nymphe an den jungen Schossen von Populus monilifera, beinahe mitten in dem sie bedeckenden gelben Safte. Die Exkremente werden wie bei Ianio und der Eiche kräftig ausgeworfen.

Chermes laricis Hrt. Am 20. März 1846, zu Hohenheim, dicke dunkelrothe Exemplare an den jungen Schossen der Lärche, sich sehr langsam bewegend und damit beschäftigt vor meinen Augen ihre rothen Eier abzulegen. — Ch. piceae Rtz. wurde im Frühjahr 1856 in ungemeiner Ausdehnung, d. h. an ganzen Bergwänden, im Revier Herrenalb, an den Tannenstämmen bemerkt. Vielleicht darf, in Ermangelung näherer Notizen, angenommen werden, dass das Insekt schon im vorigen Jahr dagewesen und nur übersehen worden sei. — Im Mai 1856 sah ich es auch in beschränktem Mass am Fusse von Abies balsamea im Hohenheimer exotischen Garten.

Welcher weisswollige Chermes (piceae? strobi?) findet sich zuweilen an austreibenden jungen Seeföhren und bereits verholzten Schossen kümmerlicher gemeiner Fohren? (April 1862.)

Honig- und „Mehlthau". Im Sommer 1857 war das Pfaffenhütchen bedeckt mit einer schneeweissen Materie welche die Form kleiner Tröpfchen zeigte, da und dort aber auch in den obern Theilen von Blättern und Schossen nahezu eine gleichförmige Schichte bildete. Unter der Lupe schien sie nicht pilzähnlich, sondern feinkörnig, etwa zuckerähnlich, oder wie Kalkbewurf. Die zahlreichen Blattlaushäute die man an verschiedenen Stellen der Belaubung noch fand, deuteten auf Ursprung dieses Ueberzuges aus Blattlausexkrementen.

Ueber den gewöhnlichen Ursprung des Honigthaues als eines Erzeugnisses mehrerer Gattungen von Hemipteren (Aphis, Coccus, Cicada) bitte ich meine Aufsätze [2] nachzulesen. Neuestens, d. h. im Juni 1879, bemerkte ich dass auch die Exkremente der kleinen Rosenzikade, Cicada rosae L., von süssem Geschmacke sind.

[1] Kritische Blätter. 47. Bd. 1, S. 261.
[2] Forst- und Jagdzeitung, Jahrgang 1854, S. 354, 1855, S. 309, und Kritische Blätter. 46. Bd. II. Heft, S. 128 »Waldhonigthau«.

Tannenblattlaus. Aphis pectinatae Nördl. Kaltenbach führt unter dem Namen A. piceae Pz. eine lappländische Blattlaus an, welche ihrer Heimath nach auf der Fichte lebt. Andere zahlreiche Arten die mir der Tannenblattlaus nicht ähnlich scheinen, zählen Kaltenbach und Koch auf. Um allen Zweifel über ihren Wohnbaum zu beseitigen, nenne ich daher die hier zu besprechende Art pectinatae. Sie scheint überall auf Tannen gemein zu sein. So z. B. 1859 bei Tharandt. — Nach Angabe zweier erfahrener Förster werden die Tannenwälder Oberschwabens und des Schurwaldes noch im Spätsommer des Tannenhonigs halber von den Bienen besucht. In der That summen Wespen, Fliegen u. s. w. auch hier bis in den September um blattlausbewohnte Tannen. — A. lanuginosa Hrt. Dass es wirklich, wie Réaumur sagt, faustgrosse Blattblasen von lanuginosa gibt, ist möglich. Wenigstens fand ich einige mit fingerlangem Durchmesser. Kaiserstuhl bei Freiburg 1816.

Blutlaus. A. lanigera Hsm. Man findet den Winter über in den vom Kerfe herrührenden Schrunden der Rinde von Aesten, sowie in der Umgebung der Knospen an den Zweigen des Apfelbaums karmoisinrothe kuglige Eier. Ich hielt sie für die Form, in der die Blutlaus am oberirdischen Theile des Baumes überwintere. Nun sind aber die Eier der Blattläuse mehr oder weniger länglich, diejenigen von Milben dagegen kuglig. Sodann fand ich vor einigen Jahren zu Ende Mai an den jungen Trieben des Apfelbaums viele Blutläuse. Neben ihnen waren zahlreiche blutrothe Milben, so viel ich mich erinnere, mit schwarzen Extremitäten. Vermuthlich leben sie räuberisch von den jungen Blutläusen.

Coccus (Lecanium) racemosus Ratz. seinen Honigthau namentlich Anfangs und Mitte Juni entwickelnd. Ende Juni 1860 nur noch wenig. Manchmal einzelne Schildläuse am Ende des vorjährigen und des vorvorjährigen Schosses zugleich. Im Juni 1869 war racemosus nach Herrn Bührlen's Angabe in grosser Menge zu Hohennagold auf einer Pflanzung der amerikanischen Abies alba L. — C. (L.) variolosus Ratz., beinah kreisrunde mässig gewölbte dunkelgrüne Art, welche auf der Rinde des einjährigen bis fünfjährigen Holzes einer etwas unterdrückten jungen Eiche auf einem kleinen Hügel, aber so in einer Vertiefung sass, dass sie das Ansehen eines kleinen Vogelauges zeigte. Daraus, dass einzelne Exemplare mit dem Schildrand unter der halbabgelösten Epidermis sassen und alle nahezu die gleiche Grösse zeigten, war zu schliessen dass sämmtliche Individuen derselben ohne Zweifel der gleichen Generation angehörten. 1. November 1872. — C. (L.) variegatus L. Diese grösste aller mir bekannten Schildlausarten, abgebildet Réaumur IV, Tab. V, Fig 3, bis 11^{mm} lang und 12^{mm} breit, scheint wenig bekannt zu sein. Ich fand sie 29. Juni 1844 zu Grand-Jouan in grosser Anzahl an den Ausschlägen eines Eichenkopfstammes, später auch zu Hohenheim.

Die Zahl der Schildläuse auf Gehölzen ist viel grösser als es auf den ersten Blick scheint. Zu ihrem Studium gehört viele Zeit. Wer diese nicht hat, muss sich auf die Kenntniss der in die Augen fallenden vollwüchsigen Weibchen beschränken. — Nachfolgend einige Notizen über gelegentlich beobachtete Schildläuse, wovon einige unter verschiedenen Rubriken aufgezählte einer Holzart nur verschiedene Entwicklungsstadien derselben Art sein mögen:

1) Lecanien von gewöhnlicher Form auf Grauerle, Celtis occidentalis, Hasel, Platane, junger Eiche, Salix alba und Sale.

2) Lecanien, etwas breit, auf gemeinem und Acer dasycarpum, Rosskastanie, Haine, Crataegus spec., Buche, Aspe, (Färbung wie die des Hinterleibs einer Feldkreuzspinne), Ribes nigrum, Rosa, Salix aurita, Spiraea prunifolia.

3) Lecanien, etwas länglich bucklig auf ganz junger Birke, Cercis canadensis, Evonymus pendulus, Lonicera tatarica, Menispermum canadense, Populus italica und monilifera, Ulme und Xanthoxylon fraxineum.

4) Lecanien, hochgewölbt (wie die auf Kirschbäumen) auf gemeinem Ahorn und Robinie.

5) Lecanien, hochgewölbt, von Form und Grösse eines Phalacrus corticalis, hellbraun, vielleicht nur junges, von Ichneumon unterbrochenes Lecanium, auf Salix phylicifolia.

6) Lecanien, kahn- oder chitonförmig auf jungen Eichen und weissbepudert in Rinderissen einer jungen kränklichen Ulme. Spessart, Juni 1861.

7) Lecanien, breit schildkrötenförmig, am mehrjährigen Holze von Rhamnus catharticus.

8) Aspidiotus oder miesmuschelförmige, häufig rothblütige, auf Spitzahorn, gemeiner Erle, Birke, Hartriegel, Esche, Hippophaë (Boulogne), Juglans nigra, Nadeln von gemeiner Föhre, Aspe, Rhus typhina, Salix alba, caprea, daphnoides, Linde, Vaccinium myrtillus. Ohne Zweifel salicis Bé auf Eschen, falcicornis Drnsp. auf kranken Buchenausschlägen und auf Pyrus torminalis, rundschildförmig, auf Beeren des gemeinen Wachholders.

Ueber den Einfluss der Schildläuse auf die Holzvegetation gibt die Beobachtung des vorstehend genannten Aspidiotus auf unterdrückten Eschenstängchen erwünschte Auskunft. Es sitzt nämlich jedes Individuum mit dem Kopfe nach oben in einer Rindevertiefung. Die Einsenkung ist aber besonders stark, wo mehrere Schildläuse zusammensitzen. Beim Querdurchschneiden des Schafts an der Stelle einer dieser starken Vertiefungen zeigt sich im Innern entsprechend eine Verdickung der Rinde und auf zwei oder drei Jahre zurück eine Schmälerung der Holzringe, woraus sich vielleicht der Schluss wird ziehen lassen dass die Schildlaus mehrere Jahre lang die Proteinsubstanz verzehrt und dadurch eine normale Holzentwicklung des Bastkörpers hindert oder aber ihre nur einmalige Einwirkung sich mehrere Jahre fühlbar macht.

Neuropteren.

Raphidia ophiopsis L. erscheint manchmal als Larve in solcher Menge in den Gängen anderer Insekten, dass sie selbst für die Urheberin der Gänge gehalten wird und z. B. bei der Badener Versammlung 1841 als schädliches Forstinsekt gezeigt wurde. In einem dürren Eichenstumpf, den ich seit mindestens einem Jahr aufbewahrt hatte, fand sich eine lebende noch sehr kleine Larve von Raphidia. Das spräche für eine sehr lange Generation oder eine unter Umständen verzögerte Entwicklung des Eis.

Hemerobius. Ratzeburg[1] will den Gestank nicht bemerkt haben, welchen Hemerobius verbreitet. Bei perla fiel er mir auch niemals auf. Aber bei reticulatus Leach., oder einem sehr verwandten (bei uns der gemeinsten Art im Wald) ist der an den Fingern von der Fliege hinterlassene Geruch unerträglich. — Eine ameisenlöwenähnliche Nymphe eines Hemerobius stach mich am 7. Mai 1859 in die Hand so empfindlich ungefähr wie eine Schnake.

[1] Forstinsekten III. S. 246.

Arachniden.

Acarus. Aus dieser Gruppe erwähne ich einer Art Acarus, die den in Töpfen frischgekeimten Nadelholzpflänzchen öfters sehr nachtheilig wird. Die Milbe bohrt das Stengelchen besonders am Austritt aus dem Boden vielfach an. Die Pflänzchen fallen bald darauf um und gehen zu Grund. Im Sommer gesäete Samen litten dadurch wie im Februar gesäete.

In Betreff der Entstehung einer anderen Art Milben füge ich eine ältere Notiz bei, welche, weil von Forstinsekten handelnd, hier wohl auch ein Plätzchen verdient:

Hohenheim, 21. Juni 1849. Die meisten seit Anfang dieses Monats gesammelten Puppen, z. B. von Callidium fennicum, Pissodes notatus und einer Pimpla, gehen auf besondere Art zu Grunde. Nach kurzer Zeit entwickelt sich nämlich aus ihrem Körper eine Menge ziemlich grosser, gelber oder weisser, glänzender, vollkommen runder und allseitig geschlossener Kügelchen. Aus diesen sieht man nach einigen Tagen kleine Acarus herauskommen. Zugleich runzelt die Haut der Kügelchen zusammen. Beim Zerdrücken eines derselben Kügelchen glaubte ich längliche halborganisirte Körperchen (halb entwickelte Acarus) zu erkennen. Später eine ähnliche Erscheinung an Larven der kleinen Tipula in den Rapsschoten. Von J. Lichtenstein zu Montpellier erfahre ich nun, dass auch Andre die vorstehend angeführte Milbe kennen und sie den Namen Acarus (Heteropus) ventricosus Newport führt.

Anneliden.

In der Landwirthschaft sind längst schädliche Nematoden bekannt. Es ist nicht zu verwundern, wenn sich solche auch im Forsthaushalte bemerklich machen. In der That macht mir unterm 23. Oktober 1879 Herr Oberförster Frank aus Heidenheim eine derartige Mittheilung welcher ich das Wesentliche entnehme. An geschulten Fichtenpflanzen, heisst es, richtet ein Würmchen Verwüstungen an welche an diejenigen des Engerlings erinnern. Man findet bis zwölf der Würmchen an einer Pflanze, bei stärkerem Frasse kommen die Pflanzen unbedingt zum Absterben. In einer der Saatschulen waren auf einer Fläche von 5 Ar die geschulten zweijährigen Fichten nahezu sämmtlich vernichtet. Die Würmer welche der vorstehenden Nachricht beigefügt waren, hatten bis 2 Zent Länge und zwischen $^2/_3$ mm und fast 2 mm Dicke. Die letztern dicksten waren kürzer (etwa 1 $^1/_2$,5) als die dünnen und daher wohl eine besondere Art. Bei beiden Formen scheint der kurzgegliederte oder gewirtelt anzusehende dunkle Darm durch die Haut durch.

Anhang.

Einige neue ausländische Forstkäferarten.

Bei Untersuchung fremder Hölzer fielen mir mehrere Holzkäfer unter die Hände, welche ich, weil eine umfassende Arbeit über die ausländischen Xylophagen meines Wissens immer noch fehlt, keinen Anstand nehme als neue Arten zu betrachten und mit Namen zu belegen, bereit, diese jeden Augenblick zurückzuziehen, falls die Kerfe irgendwo sonst schon aufgeführt sein sollten. Soweit ich noch in ihrem Besitze bin, stehen sie jedem Autor auf diesem Gebiete zur Verfügung.

Apate canarii Nördl. 14 mm lang und 5 mm breit, schön walzig. Kopf stark vorstehend, mit auffallend grossen kugligen braunen Augen, durch eine goldgelbe Plattbürste grösstentheils verdeckten starken schwarzen Zähnen, mit sparsamen langen, goldgelben Seidehaaren besetzten braunen Lippentastern, pechbraunen Fühlern mit achtgliedriger Geisel, wovon das schwarze kurze erste Grundglied erst ein langes, dann ein viel kürzeres, sodann weiter absteigend fünf kürzere Glieder und endlich die dreitheilige Keule trägt, deren Glieder nur leicht sägezähnig oder becherförmig anzusehen sind. Halsschild stark gewölbt, gegen vorn nicht bekrönt wie bei capucina, sondern regelmässig senkrecht abfallend, am Rand innerhalb jedes der Augen einen nach oben gekrümmten schwarzen Zahn tragend, von dem aus an der Seite schief nach rückwärts 3 weitere stumpfe Zähne hinziehen, über denen 2 bis 3 ähnliche Zahnreihen stehen, die sich allmählich in die erhabenen Körner verlaufen, womit der Halsschild auf seinem Rücken viel feinkörniger besetzt ist als bei der gemeinen Art. Eindrücke der Decken stark, in ziemlich regelmässigen Reihen. Schön steiler, mit ganz kurzen gelben Börstchen besetzter, rechts und links stumpfeckig vorstehender Deckenabsturz mit etwas erhabener Naht. Wachsgelbe weisslich borstige Beine am Ende der Schienen mit mehreren schwarzen gekrümmten Zähnen. Ganze Unterseite wie die Flügeldecken wachsgelb. Halsschild röthlich braun, nach hinten heller. — Todt aus seiner Wiege im jüngsten Holz unter der Rinde und von Canarium australianum F. M., daher möglicherweise noch nicht ganz gefärbt.

Bostrichus plumeriae Nördl. Dem Bostrichus fagi Nördl. auffallend ähnlich, aber 1,1 mm, also nur ungefähr ⅔ so lang, bei entsprechender Breite. — Mundtheile und Stirn, wenigstens beim einen Geschlecht, etwas gelblichweissborstig. — Vordertheil des Bruststücks durch 5 bis 6 Reihen grober Höckerchen ebenso höckerig gekörnt wie fagi; doch scheinen die Körner im Verhältniss etwas schwächer. — Hintertheil des Bruststücks, zum Unterschied von fagi, vom höchsten Punkt an gegen die Decken kaum etwas gesenkt. — Die hellgelblichweissen stumpfen Börstchen welche Bruststück und Flügel bedecken, im Verhältniss stärker als bei fagi und blässer, wogegen die feinen Zwischenbörstchen, welche bei fagi die Räume zwischen den gröbern Borstenpunktreihen ausfüllen, so zurücktreten, dass ich sie wenigstens an den drei Exemplaren die ich besitze, mit meiner scharfen Lupe nicht bemerke, auch die Decken nicht durch kurze Börstchen, worunter gröbere Borstenreihen hervortreten, sondern durch einfache, aber um so deutlichere weissliche Borstenreihen sich auszeichnen. — Farbe ebenfalls an fagi erinnernd, aber der ganze Käfer etwas mehr rothbraun, besonders der Brustschild (zumal an seiner höchsten Stelle, wo die Körner aufhören) und die Beine.

Ich fand den Kerf leider nur in wenigen Exemplaren und todt in seinen „verworrenen" Gängchen unter der zarten Rinde des Holzes von Plumeria alba L., das ich mit andern von Herrn Dr. Karsten aus Venezuela erhalten hatte.

Bostrichus sidneyanus Nördl. Dem Bostrichus asperatus Gyll. in Grösse, aber nicht in Form nahe stehend, denn seine Länge beträgt 1,9 mm, seine beträchtlichere Breite 0,9 mm. — Kopf pechschwarz. Mundtheile beim einen Geschlecht von stark gelben Borsten umgeben, beim andern ziemlich kahl. Bei diesem die Stirn etwas mehr gewölbt; an den Fühlern

Anhang.

Schaft und Faden schmutzig gelb, Keule pechbraun und leicht behaart. Das Bruststück ist sehr stark entwickelt; es beträgt ⅔ der ganzen Länge des Kerfs. Gegen vorn befindet sich wie bei den Verwandten der körnige Fleck, an dem man aber auffallend starke Körner bemerkt (weit stärker als bei asperatus). Sie stehen in beiläufig 10 Querreihen, wovon die zwei vordersten zwei förmliche engkörnige Halbkreise, jedoch mit schwächern Körnern, bilden. Jede Körnerreihe ist von Borsten begleitet, die stärker und mehr bräunlichgelb sind als bei asperatus, auch von der Seite gesehen sich als Reihen darstellen. Der ganze körnige Vordertheil des Bruststücks ist pechbraun, der übrige Theil hellschmutzig graugelb. — Die pechbraunen Decken haben weitläufige Borstenpunktreihen. Man zählt blos etwa 11 starke blasse Borsten in einer Reihe. Der Raum zwischen diesen Reihen gerieselt feinpunktirt, mit kleinen gelblichen Schüppchen, die den ganzen Decken ein fettglänzendes Aussehen verleihen. — Die starken weisslichgelben Borsten des Käfers besonders am Thorax zahlreich und dunkel. Unterseite schmutzig gelbgrau mit gelblichen Borsten. Beine rothgelb oder auch gelbgrau, mit an der Aussenseite deutlich gekerbten Schienen.

Ich fand den Käfer in grosser Menge, aber todt, in einem starken, aus schwächern Stämmen verschmolzenen Baumstamm, der auf der 1855ger Weltausstellung zu Paris jedem Beschauer der australischen Hölzer in die Augen fiel und als eine Ficusart bezeichnet war.

Der Mutterkäfer hatte das Bohrloch manchmal gerade auf einer erhabenen Lenticelle angelegt. Rammelkammer eng, so dass nur eine kleine Anzahl Käfer darin Platz findet. Muttergang ein ausgedehnter doppelarmiger Wagegang zwischen Rinde und Holz. Die jungen Käfer zerfressen das Innere der Rinde gänzlich, so dass diese von innen gesehen an Buchenrinde erinnert, welche gedrängt wohnende Familien von Bostrichus bicolor durchwühlt haben.

Hinsichtlich des Untergattungsnamens der vorstehenden beiden Arten und eines monographus ähnlichen Borkenkäfers B. hondurensis Nördl. aus Honduramahagoni siehe Kritische Blätter. 52. Bd. I, S. 189.

Bostrichus perebeae Nördl., aus dem Holze der kolumbinischen Perebea integrifolia Krst. und

Hylesinus perebeae Nördl., unter der Rinde desselben Baumes, siehe Kritische Blätter. 52. Bd. I, S. 188.

Cerambyx (Hesperophanes) sericeoides Nördl., als siebenjährige Larve im Holze von Bumelia buxifolia Willd. siehe Kritische Blätter. 51. Bd. II, S. 262.

Namenverzeichniss.

Abracus globosus 2.
Aralles hypocrita 20.
„ pyrenaeus 20.
Acarus ventricosus 65.
Aderflügler 54.
Agrilus angustulus 6.
„ bifasciatus 5.
„ biguttatus 6.
„ coeruleus 6.
„ coryli 6.
„ fagi 6.
„ integerrimus 6.
„ nocivus 6.
„ olivaceus 6.
„ pratensis 6.
„ sexguttatus 6.
„ sinuatus 6.
„ undatus 5.
„ viridis 6.
Alciodes circumscriptus 50.
Aleochara analis 2.
„ pumilio 2.
Allantus nigerrimus 57.
Alleculla morio 14.
Amara obsoleta 1.
„ plebeja 1.
„ tricuspidata 1.
Anneliden 65.
Anobium abietinum 12.
„ abietis 11.
„ brunneum 11.
„ consimile 11.
„ denticolle 12.
„ domesticum 12
„ fagicola 13.
„ fulvicorne 13.
„ longicorne 12.
„ molle 11.
„ morio 13.
„ nigrinum 12.
„ nitidum 12.
„ parens 11.
„ purvicolle 11.

Anobium pertinax 12.
„ plumbeum 12.
„ pusillum 12.
„ rufipes 12.
„ striatum 12.
„ tesselatum 12.
Anoplus roboris 19.
Anthaxia praticola 5.
Anthicus boleti 14.
„ oculatus 14.
Anthocomus lateralis 8.
Anthomyia Ratzeburgii 61.
Anthonomus druparum 19.
„ melanocephalus 19.
„ pomorum 19.
„ varians 19.
Anthophora centuncularis 55.
Anthribus albinus 15.
„ albirostris 15.
„ latirostris 15.
„ niveirostris 15.
„ scabrosus 15.
„ varius 14.
Apate capucina 13.
„ canarii 66.
„ sinuata 13.
„ substriata 13.
„ varia 13.
Aphis lanigera 63.
„ lanuginosa 63.
„ pectinatae 63.
Apion fuscirostre 16.
„ onopordi 16.
Apis centuncularis 55.
Apoderes coryli 15.
„ curculionoides 15.
Arachniden 65.
Aradus brevicollis 62.
„ depressus 62.
Aspidiotus 64.
„ salicis 64.
Calonimus elephas 19.
„ cinereus 19.

Berginus tamariscis 3.
Blattlaus 63.
Bombyx aesculi 45.
„ antiqua 50.
„ caja 50.
„ coenobita 50.
„ cossus 45.
„ dispar 49.
„ fagi 50.
„ fascelina 50.
„ gonostigma 50.
„ monacha 45.
„ pityocampa 50.
„ processionea 50.
„ quadra 49.
„ versicolora 50.
„ vinula 50.
Bostrichus abietis 36.
„ acuminatus 30.
„ alni 34.
„ autographus 33.
„ bicolor 33.
„ bidens 31. 32.
„ var. trepanata 32.
„ binodulus 36.
„ bispinus 31.
„ cembrae 29.
„ chalcographus 31.
„ cinereus 34.
„ coryli 33.
„ cryptographus 33.
„ curvideus 31.
„ dispar 40.
„ domesticus 37.
„ eurygraphus 38.
„ fagi 34.
„ hondurensis 67.
„ laricis 29.
„ Lichtensteinii 35.
„ lineatus 37.
„ monographus 37.
„ oblitus 30.
„ perebeae 67.

Bostrichus piceae 36.
" pityographus 35.
" plumeriae 66.
" pusillus 34.
" quadridens 32.
" ramulorum 35.
" Saxesenii 38.
" sidneyanus 66.
" stenographus 29.
" suturalis 29.
" tiliae 36.
" typographus 28.
" villosus 33.
Brachyonyx indigena 19.
Brontes flavipes 3.
Buprestis affinis 5.
" augustula 6.
" berolinensis 5.
" bifasciata 5.
" biguttata 6.
" coerulea 6.
" coryli 6.
" conspersa 5.
" fagi 6.
" integerrima 6.
" mariana 5.
" minuta 5.
" nociva 6.
" novemmaculata 5.
" octopunctata 5.
" olivacea 6.
" pratensis 6.
" praticola 5.
" quadripunctata 5.
" salicis 5.
" sexguttata 6.
" sinuata 6.
" undata 5.
" undecimmaculata 5.
" viridis 6.
Callidium abdominale 41.
" adspersum 41.
" alni 41.
" bajulus 41.
" barbipes 41.
" dilatatum 41.
" femoratum 41.
" fennicum 41.
" rusticum 41.
" striatum 41.
" variabile 41.
" violaceum 41.
Cantharis fusca 8.
Capricornia 10.
Carabus 1.
" azureus 1.
" germanus 1.
" nanus 1.

Carabus obsoletus 1.
" plebejus 1.
" quadrinotatus 1.
" ruficornis 1.
" tricuspidatus 1.
Carpophilus sexpustulatus 2.
Cartodere elongata 3.
" filiformis 3.
Cecidomyia betulae 60.
" fagi 59.
" limbitorquus 60.
" praecox 59.
Cerambyx abdominalis 41.
" abbreviatus 13.
" adspersus 41.
" aedilus 42.
" alni 41.
" alpinus 41.
" arietis 42.
" bajulus 41.
" balteatus 41.
" barbipes 41.
" bifasciatus 43.
" buprestoides 40.
" cantharinus 41.
" carcharias 42.
" cerdo 40.
" curculionoides 42.
" coriarius 40.
" dilatatus 41.
" dispar 43.
" erythropterus 43.
" faber 40.
" fascicularis 42.
" femoratus 41. 43.
" fennicus 41.
" galloprovincialis 42.
" griseus 42.
" hispidus 42.
" indagator 43.
" inquisitor 43.
" Kohleri 41.
" laevis 43.
" lusitanus 42.
" mixtus 42.
" mordax 43.
" moschatus 41.
" muricatus 42.
" mysticus 42.
" nebulosus 42.
" nigripes 43.
" oculatus 42.
" ornatus 42.
" ovalis 42.
" perforatus 42.
" populneus 42.
" praeustus 42.
" pupillatus 42.

Cerambyx pygmaeus 41.
" quadrifasciatus 43.
" revestitus 43.
" rubrotestaceus 43.
" ruficornis 43.
" rusticus 42.
" (Rh.) salicis 43.
" salicis 43.
" sartor 42.
" scabricornis 40.
" scalaris 42.
" Scopolii 41.
" scutellatus 43.
" sericeoides 67.
" striatus 41.
" sutor 42.
" umbellatarum 42.
" variabilis 41.
" varius 42.
" violaceus 41.
Cerylon histeroides 3.
Cetonia aurata 4.
" fastuosa 4.
" marmorata 4.
" metallica 4.
" 8-punctata 5.
Chermes laricis 62.
Chrysochlamis ruficornis 60.
Chrysomela alni 44.
" armoraciae 44.
" aurata 44.
" bipunctata 43.
" calmariensis 44.
" capreae 44.
" cerasi 43.
" concinna 44.
" coryli 43.
" crataegi 44.
" crneae 44.
" flavicornis 44.
" flavilabris 43.
" flavipes 44.
" fulva 43.
" gemina 43.
" helxines 44.
" interrupta 43.
" labiata 43.
" lapponica 44.
" longicollis 43.
" lythri 44.
" marginata 43.
" moraei 43.
" nitidula 44.
" ochrostoma 43.
" oleracea 44.
" olivacea 44.
" pini 43.
" pinicola 44.

Chrysomela pusilla 43.
    " quadripunctata 43.
    " quadripustulata 43.
    " quercetorum 44.
    " quinquepunctata 44.
    " rufipes 43.
    " scutellaris 43.
    " sexpunctata 43.
    " smaragdina 44.
    " subspinosa 43.
    " tibialis 44.
    " tremulae 43.
    " viburni 44.
    " viminalis 44.
    " violacea 44.
    " vitellinae 44.
    " vittata 43
    " vulgatissima 44.
Cicada sanguinolenta 62.
    " rosae 62.
Cicindela 1.
    " campestris 1.
    " germanica 1.
    " hybrida 1.
Cicones variegatus 2.
Cimex 62.
Cis bidentulus 13.
    " festivus 13.
Cistela atra 14.
    " axillaris 14.
    " barbata 14.
    " ceramboides 14.
    " Doublieri 14.
    " humeralis 14.
Cladius uncinatus 57.
Clerus alvearius 9.
    " formicarius 9.
    " mutillarius 9.
    " personatus 9.
    " 4-maculatus 9.
    " univittatus 9.
Clythra quadripunctata 43.
Clytus arietis 42.
    " mysticus 42.
    " ornatus 42.
    " rusticus 42.
Coccinella bipustulata 44.
    " quadripustulata 44.
Coreus racemosus 63.
    " variegatus 63.
    " variolosus 63.
Coccyx Mulsantianus 52.
Colobicus emarginatus 2.
Colydium elongatum 3.
    " filiforme 3.
    " nitidum 3.
    " sulcatum 3.
Conopalpus testaceus 14.

Corticaria denticulata 3.
Coryphium angusticolle 2.
Cossonus cylindricus 21.
    " linearis 21.
    " parallelepipedus 21.
Crioceris scutellaris 43.
    " subspinosa 43.
Cryptocephalus bipunctatus 43
    " coryli 43.
    " flavilabris 43.
    " fulvus 43.
    " geminus 43.
    " interruptus 43.
    " labiatus 43.
    " marginatus 43.
    " Moraei 43.
    " ochrostoma 43.
    " pini 43.
    " pusillus 43.
    " quadripustulatus 43.
    " rufipes 43.
    " sexpunctatus 43.
    " vittatus 43
Cryptohypnus minutissimus 8.
Cryptophagus abietis 3.
Cryptorhynchus lapathi 19.
Ctenophora atrata 60.
Curculio ater 3.
    " clematidis 3.
    " depressus 3.
    " dermestoides 3.
    " Dufourii 3.
    " duplicatus 3.
    " monilis 3
    " sanguinolentus 3.
Curculio abietis 18. 19.
    " aequatus 19.
    " alni 20.
    " aquitanus 21.
    " arborator 17.
    " ater 17.
    " avellanae 20.
    " brassicae 19.
    " brunnipes 17
    " cinereus 19.
    " crassirostris 21.
    " cylindricus 21.
    " cylindrirostris 21.
    " draparum 19.
    " elephas 19.
    " fagi 20.
    " hercyniae 19.
    " hispidus 19.
    " hypocrita 20.
    " ilicis 20.
    " indigena 19.
    " iris 17.
    " lapathi 19.

Curculio linearis 21.
    " loniccrae 20.
    " lymexylon 21.
    " majalis 19.
    " mali 17.
    " melanocephalus 19.
    " micans 17.
    " mollis 17.
    " montanus 17.
    " mustela 17.
    " notatus 18.
    " oblongus 17.
    " ovatus 17.
    " parallelepipedus 21
    " piceae 19.
    " pineti 18.
    " pini 18. 19.
    " pomorum 19.
    " populi 20.
    " porcatus 21.
    " punctulatus 21.
    " pyrenaeus 20.
    " pyri 17.
    " quercus 20.
    " roboris 19.
    " rusci 20.
    " salicis 20.
    " scanicus 19.
    " scutellaris 21.
    " semirufus 21.
    " sericeus 17.
    " splendidus 17.
    " stigma 21.
    " strangulatus 21.
    " taeniatus 19.
    " truncorum 21.
    " Ulmi 19.
    " varians 19.
    " variegatus 19.
    " vespertinus 17.
    " vorax 19.
Cynips aptera 58.
    " cultellator 58.
Dasyles coeruleus 8.
    " flavipes 8.
    " pini 9.
Denops personatus 9.
Dermestes bicolor 3.
    " holosericeus 3.
    " serra 3.
    " undatus 3.
    " vulpinus 3.
Dinaraea aequata 2.
    " immersa 2.
Diplocoelus fagi 9.
Diplosis 60.
Diraea tenuis 14.
    " Vaudoueri 14.

Namenverzeichniss.

Ditoma crenata 2.
Dorcatoma flavicornis 13.
„ rubens 13.
Dorytomus majalis 19.
„ punctatus 19.
„ scanicus 19.
„ taeniatus 19.
„ variegatus 19.
„ vorax 19.
Dromius 4-notatus 1.
Dryophilus pusillus 12.
Dryopthorus lymexylon 21.
Elater 8.
„ atomarius 8.
„ brunneus 8.
„ fasciatus 8.
„ fugax 8.
„ fulvipennis 8.
„ fulvipes 8.
„ haematodes 8.
„ minutissimus 8.
„ rhombeus 8.
„ rufipes Fourcr. 8
„ rufipes 11b. 8.
„ rufus 8.
„ sanguineus 8.
„ thoracicus 8.
„ trifasciatus 8.
„ varius 8.
Endomychus coccineus 44
Enicmus rugosus 3.
Epuraea pusilla 2.
Erirhynus agnatus 19.
Ernobius abietinus 12
„ abietis 11.
„ consimilis 11
„ longicornis 12.
Ernobius mollis 11.
„ nigrinus 12.
Eryx Fairmairii 14.
Euenemis capucinus 7.
Exocentrus balteatus 41.
„ lusitanus 42.
Exochomus quadripunctatus 44
Falter 43.
Formica caespitum 56.
„ herculeana 56.
„ pubescens 56.
„ rufa 56.
Galleruca alni 44.
„ calmariensis 44
„ capreae 44.
„ crataegi 44.
„ viburni 44.
Gelechia gemmella 54.
Geometra betularia 54.
„ brumata 54.
„ piniaria 54.

Geotrupes sylvaticus 4
Gracilia pygmaea 41.
Halbflügler 62.
Haltica aurata 44.
„ concinna 44.
„ cruceae 44.
„ helxines 44.
„ lythri 44.
„ nitidula 44.
„ oleracea 44.
„ quercetorum 44.
„ smaragdina 44.
„ violacea 44.
Haplocnemus pini 9.
Harpalus azureus 1.
„ ruficornis 1.
Helops caraboides 14.
„ lanipes 14.
„ Fairmairii 14.
Hemerobius reticulatus 64.
Hesperophanes mixtus 42.
„ sericeoides 67.
Heteropus ventricosus 65.
Hister caesus 2.
„ depressus 2.
„ discisus 2.
„ flavicornis 2.
„ globosus 2.
„ linearis 2.
„ oblongus 2.
„ parallelepipedus 2
Homaloda eclata 2.
„ cuspidata 2.
Honigthau 62.
Hylesinus angustatus 23.
„ ater 22.
„ Aubei 26.
Hylesinus attenuatus 23
„ crenatus 24.
„ cunicularius 23.
„ fraxini 25.
„ hederae 26.
„ juniperi 23. 25.
„ ligniperda 22.
„ micans 22.
„ minor 22.
„ oleiperda 25.
„ opacus 23.
„ palliatus 22.
„ perebeae 67
„ pilosus 22.
„ piniperda 24.
„ poligraphus 24.
„ rhododactylus 23
„ scaber 25.
„ spartii 23.
„ suturalis 25.
„ thujae 24. 26.

Hylesinus trifolii 26.
„ variolosus 23.
„ vittatus 26.
Hylobius abietis oder pini 18.
Hylotoma berberidis 56.
Hymenorus Doublieri 14
Hypebaeus flavipes 8.
Hypophloeus bicolor 13.
„ bipustulatus 13.
„ castaneus 13.
„ depressus 13.
„ fasciatus 13.
„ ferrugineus 18.
„ linearis 13.
„ pini 13.
Ibalia cultellator 58.
Ichneumon 58.
„ circumscriptum 59.
„ persuasorium 58
„ xylophagorum 58.
Ips ferruginea 2
„ quadriguttata 2.
„ quadripustulata 2.
„ sexpustulata 2.
Isorhipis Lepaigei 7.
Käfer 1.
Kiefernscheidegallmücke 60.
Lamellicornia 3.
Lamia aedilis 42.
„ galloprovincialis 42.
„ grisea 42.
„ sartor 42.
„ sutor 42.
„ varia 42.
Laemophloeus ater 3.
„ clematidis 3.
„ Dufourii 3.
„ duplicatus 3.
„ monilis 3.
Lathridius carbonarius 3.
„ denticulatus 3.
„ distinguendus 3.
„ elongatus 3.
„ exilis 3.
„ filiformis 3.
„ transversus 3.
„ rugosus 3.
Lecanium racemosum 63
„ variolosum 63.
„ variegatum 63
Leiopus nebulosus 42.
Leptura erythroptera 43
„ femorata 43.
„ laevis 43.
„ quadrifasciata 43
„ revestita 43.
„ ruficornis 43.
„ rubrotestacea 43.

Namenverzeichniss.

Leptura scutellata 43.
Lophyrus pini 57.
- rufus 57.
Lucanus cervus 3.
" parallelepipedus 4.
Luperus flavipes 44.
" pinicola 44.
Lyctus bicolor 13.
" bipustulatus 2.
" canaliculatus 13.
- coeruleus 2.
" depressus 2.
" dispar 2.
" histeroides 3.
" politus 2.
Lycus flavescens 8.
" sanguineus 8.
Lyda betulae 56.
- clypeata 56.
" erythrocephala 56.
.. hypothrophica 56.
" pyri 56.
Lymexylon dermestoides 9.
" navale 9.
Magdalinus aterrimus 16.
" barbicornis 16.
" carbonarius 16.
" cerasi 16.
" duplicatus 16.
" flavicornis 16.
- frontalis 16.
" linearis 16.
" nitidus 17.
" phlegmaticus 17.
" pruni 17.
" violaceus 16
Malachius bipustulatus 8.
" flavipes 8.
" lateralis 8.
" marginellus 8
" pulicarius 8.
Malacodermata 8.
Mehlthau 62.
Melandrya caraboides 14.
Melanophthalma distinguenda 3
Melasis buprestoides 6.
" flabellicornis 6.
Melolontha brunnea 4.
" Frischii 4.
" fullo 4.
- horticola 4
" solstitialis 4
Mesites aquitanus 21.
Mesosa curculionoides 42.
" nebulosa 42.
Microphoryx purpurella 54.
Molorchus abbreviatus 43
- salicis 43.

Molorchus umbellatarum 43.
Mordella abdominalis 14.
" atomaria 14.
" biguttata 14.
- dorsalis 14.
" lateralis 14.
" melanostoma 14
- obscura 14.
" ruficollis 14.
" subtestacea 14.
Musen Meigenii 61.
" Ratzeburgii 61. '
Mycetochares axillaris 14.
" barbata 14.
" humeralis 14.
Mycetophagus fulvicollis 3.
" testaceus 3.
Myrmica caespitum 56.
Nacerdes melanura 14.
Nematus abietum 57.
Nemosoma elongatum 2.
Neuropteren 64.
Nitidula obsoleta 2.
" pusilla 2.
" 6-pustulata 2.
Noctua leporina 51.
" piniperda 51.
" segetis 51.
" valligera 51.
Nothorina muricata 42.
Obrium cantharinum 41.
Oedemera coerulea 14.
Oligomerus brunneus 11.
Omalium pusillum 2.
" vile 2.
Omias brunnipes 17.
" montanus 17.
Ophonus germanus 1.
Orchestes alni 20.
" avellanae 20.
- fagi 20.
" ilicis 20.
" loniccrae 20.
- populi 20.
" quercus 20.
- rusci 20.
" salicis 20.
.. scutellaris 21.
" semirufus 21.
" stigma 21.
Oryctes gryphus 4.
Otiorhynchus ater 17.
" ovatus 17.
Paramecosoma abietis 3.
Paromalus flavicornis 2.
" parallelepipedus 2.
Pediacus depressus 3.
" dermestoides 3.

Pedilus fusculus 14.
Pemphredon insignis 54.
Pentaphyllus testaceus 3.
Phalacrus caricis 2.
" corticalis 2.
Phläeopora corticalis 2.
" reptans 2.
Phlöotribus oleae 26.
Phyllobius arborator 17.
" oblongus 17.
" pyri 17.
" vespertinus 17.
Phthora crenata 13.
Phloroblastis plumbatana 52.
Pimpla persuasoria 58.
Pissodes abietis 19.
" hercyniae 19.
- notatus 18.
" . piceae 19.
" pineti 18.
" pini 19.
Platypus cylindrus 40.
Plegaderus caesus 2.
" discisus 2.
Platysoma depressum 2.
" lineare 2.
" oblongum 2.
Pogonocherus fascicularis 42.
" hispidus 42.
" ovalis 42.
Polydrosus iris 17.
- mali 17.
" micans 17.
" mollis 17.
" sericeus 17.
" splendidus 17
Prais Curtisella 54.
Prionus coriarius 40.
" faber 40.
" scabricornis 40.
Psen atratus 55.
Ptilinus pectinicornis 13
Ptilium apterum 2.
Ptinus dubius 11.
" fur 10.
" imperialis 10.
" ornatus 10, 11.
" pilosus 11.
" rufipes 10.
" sexpunctatus 10.
Pyrochroa coccinea 14.
" rubens 14.
Quedius scintillans 2.
Raphidia ophiopsis 64.
Rhagium bifasciatum 43.
" dispar 43.
.. indagator 43.
" inquisitor 43.

Namenverzeichniss.

Rhagium mordax 43.
" salicis 43.
Rhamphus flavicornis 16.
Rhinomacer attelaboides 16.
Rhinosimus planirostris 14.
" ruficollis 14.
Rhizophagus bipustulatus 2.
" coeruleus 2.
" depressus 2.
" dispar 2.
" politus 2.
Rhynchites aeneovirens 15.
" auratus 15.
" Bacchus 16.
" betulae 15.
" betuleti 15.
" conicus 16.
" cupreus 16.
" germanicus 16.
" nanus 16.
" obscurus 16.
" pauxillus 16.
" planirostris 16.
" populi 16.
" pubescens 16.
Rhyncolus crassirostris 21.
" cylindrirostris 21.
" porcatus 21.
" punctulatus 21.
" truncorum 21.
Roptrocerus xylophagorum 58.
Rüsselkäfer 14.
Salpingus castaneus 14.
Superda carcharias 42.
" oculata 42.
" perforata 42.
" populnea 42.
" praeusta 42.
" pupillata 42.
" scalaris 42.
Sarrotrium terebrans 2.
Scaphidium quadrimaculatum 2.
Sciara 60.
Scolytus carpini 28.
" destructor 26.
" intricatus 27.
" multistriatus 26.
" pruni 27.
" pyri 27.
" Ratzeburgii 26.
" rugulosus 28.
Scraptia fuscula 14.
Scythropus mustela 17.

Sciandria fulvicornis 57.
Sericoris Nordlingeriana 52.
Sesia apiformis 45.
Silvanus bidentatus 3.
" unidentatus 3.
Sinodendron cylindricum 1.
Sirex gigas 59.
" juvencus 59.
" spectrum 59.
Sphex 54.
" figulus 54.
" chrysostoma 54.
Sphinx pinastri 45.
Spondylis buprestoides 40.
Staphylinus 1.
" aequatus 2.
" analis 2.
" angusticollis 2.
" celatus 2.
" collaris 2.
" corticalis 2.
" cuspidatus 2.
" erythropterus 1.
" immersus 2.
" murinus 1.
" pumilio 2.
" pusillus 2.
" reptans 2.
" scintillans 2.
" vilis 2.
Stenostola nigripes 43.
Synchita emarginata 2.
" juglandis 2.
" variegata 2.
Syrphus pyrastri 60.
" ruficornis 60.
Tachina 61.
Tachys nana 1.
Tannenblattlaus 63.
Tarsostenus univittatus 9.
Tenebrio curvipes 13.
" incurvus 13.
Tenthredo abietum 57.
" brunnea 57.
" fulvicornis 57.
" nigerrima 57.
" tricincta 58.
" uncinata 57.
Tharops melasoides 7.
Tillus ambulans 9.
" mollis 9.
" unifasciatus 9.

Tinea abietella 53.
" colonella 53.
" crataegella 53.
" Curtisella 54.
" gemmella 54.
" laricinella 54.
" malinella 54.
" purpurella 54.
" sylvestrella 53.
Tipula betulae 60.
" brachyntera 60.
" fagi 59.
" limbitorquis 60.
" praecox 59.
Tortrix Buoliana 51.
" hercyniana 52.
" Mulsantiana 52.
" nanana 52.
" Nordlingeriana 52.
" ocellana 52.
" pinicolana 52.
" plumbatana 52.
" Ratzeburgiana 53.
" strobilana 53.
" turionana 53.
" viridana 53.
Trachodes hispidus 19.
Trachys minuta 5.
Trichius eremita 4.
" fasciatus 7.
" hemipterus 5.
" nobilis 4.
" variabilis 5.
Triplax rufipes 44.
" russica 44.
Trogoderma testaceicorne 3.
Trogosita caraboides 2.
" coerulea 2.
Trypeta Meigenii 61.
Uloma culinaris 13.
" ferruginea 13.
" Perroudi 13.
Vespa crabro 55.
Waldhonigthau 62.
Xanthochroa carniolica 14.
Xantholinus collaris 2.
Xestobius tesselatus 12.
Xyletinus pectinatus 13.
" niger 13.
Xylophagi 21.
Xyphidria camelus 59.
Zweiflügler 49.